Hypnose et Anneau Gastrique Hypnotique

Le Système BAGH

Bienveillance et Anneau Gastrique Hypnotique

Christophe Pank

Table des matières

Du même Auteur Chez HnO Edition

1/ *Initiation à l'Hypnose Classique Curative (Oct-2012)*

2/ *Méthode d'Auto* Hypnose (Nov-2012)

3/ *Hypnose et Régressions (Janv-2013)*

4/ *Initiation à l'Hypnose Urbaine (Dec-2012)*

5/*L'ésotérisme décrypté par l'Hypnose (Avr-2013)*

6/ *Hypnose avec les Enfants (Mai-2013)*

7/ *Mieux éduquer ses enfants grâce aux outils de l'Hypnose (Juin-2013)*

8/ *CrossTherapy (Oct-2013)*

9/ *Mes Premiers pas sur la loi d'attraction (2013)*

10/ *Hypnose H-Ultra Ou Hypnose Profonde (Nov-2013)*

11/ *Laboratoire Hypnose Volume 1 (Oct-2013)*

12/ *CT Energetics : Magnétisme et Transes (Janv-2014)*

13/ *Chercheur sur la Loi d'Attraction (Janv-2014)*

14/ *Hypnose et Hypnosophie (Avr-2014)*

15/ *Apprendre le système TPA (Mai-2014)*

16/ Hypnose et Posture du Praticien (Juil-2014)

17/ Hypnose et la Pre-test Therapie (Oct-2014)

18/ Base de PNL Interpersonnelle (Nov-2014)

19/ Base de la PnL Coaching (Fev-2015)

20/ Périple d'un Praticien d'Hypnose contre le Cancer (Fev-2015)

21/ Manuel de Formation à l'Auto Amour (Avr-2015)

22/ Hypnose et Douleur (Juil-2015)

23/ Cette Hypnose Ascendante nommée Hyperempiria (Sept-2015)

24/ Hypnose Elmanienne (Nov-2015)

25/ Questiosophie (Fev-2016)

26/ Crépuscule de l'Hypnose (Avril-2016)

27/ Pouvoir Limité (Mai-2016)

28/ Hypnose Spirituelle (Août-2016)

29/ Hypnose Invisible (Oct-2016)

VOS PROGRAMMES OFFERTS

Lisez attentivement les consignes sur le site.

Prenez soin de vous

Be One

Pank

Vous pouvez retrouver votre programme d'anneau gastrique virtuel ici :

http://anneau-gastrique-virtuel.net/mp3-hypnose-anneau-gastrique-virtuel-et-autres/

Votre programme de 21 Jours du Système BAGH / Mincir et Prendre Soin de Soi >> 5 minutes sur 21 Jours

http://anneau-gastrique-virtuel.net/systeme-bagh-programme-mincir-et-prendre-soin-de-soi-5minjour-sur-21-jours/

Votre programme complémentaire sur 21-28 Jours du Système BAGH / Bienveillance pour Soi >> 5 minutes sur 21/28 Jours

https://bienveillance.co/programme-audio-soffrir-de-la-bienveillance-niveau-1/

Introduction

L'anneau gastrique hypnotique (ou virtuel) est un outil qui est de plus en plus populaire dans le monde de l'hypnose et du mieux-être. Depuis quelques années, nous trouvons de nombreux praticiens qui proposent cette méthode au grand public.

Nous savons que le surpoids est un des gros problèmes actuels, un article du monde du 25/10/16 signale même **qu'un français sur deux est en surpoids**. Il est probable que dans les années à venir cette problématique risque de devenir une des causes majeures de mortalité.

Sans parler de mort, le surpoids est un **vrai facteur de mal être** chez de très nombreuses personnes et, outre le fait que la malbouffe soit de plus en plus disponible, *de nombreux éléments psychologiques sont également à prendre en compte* dans la progression de cette pathologie.

Soutenir et aider les personnes qui souhaitent retrouver une hygiène alimentaire plus juste, sans tomber dans des régimes drastiques et le fameux effet yoyo, voilà une des qualités aujourd'hui reconnues de l'anneau gastrique virtuel. Le système BAGH est issu de cette philosophie de vouloir **apporter un soutien** et un levier supplémentaires aux personnes qui souhaitent réellement retrouver un équilibre alimentaire, *dans une écoute plus juste d'eux-mêmes et de leurs besoins.*

La spécificité de cette technique **n'est pas de tout miser sur l'aspect diététique** (qui est essentiel dans un second temps) mais de se retrouver et de se recadrer dans son rapport à la nourriture avec **le plus de bienveillance** possible.

Je suis comme de nombreuses personnes dans des problèmes de poids depuis que je suis enfant. J'ai, en plus de cela, choisi de faire des sports à catégories ce qui signifie que je dois toujours regarder la balance, et en plus de cela, j'ai eu une maladie qui m'a fait prendre du poids.

La chance de cette situation, c'est que j'ai pu observer de l'intérieur **tout ce que signifie être en surpoids**, tous les fantasmes des régimes magiques ou des diètes de spartiates. J'ai depuis enfant testé des centaines de choses différentes avec cette sensation constante de **pression d'un monde extérieur sur un être intérieur** qui tôt ou tard allait exploser.

Perdre du poids, fondre, mincir, retrouver son poids, qu'importe la logique mentale que nous prenons en compte, il y a **une sensation de devoir, une force qui nous juge constamment**. Que ce soit les diététiciens, les médecins, les coaches, les autres, le monde, voire même les forums. Dans tout cela, je me suis rendu compte que *jamais on ne nous enseignait à nous écouter, à nous respecter, à nous comprendre ou, seulement à nous donner de la juste attention.*

C'est de ces constats, que j'ai créé le système BAGH et je l'ai testé sur de nombreux partenaires et surtout je l'ai mis en place gratuitement sur le net.

Vous pouvez retrouver le programme complet sur http://anneau-gastrique-virtuel.net .

Depuis j'ai des dizaines de retours, voire des centaines de retours, sur **les effets positifs de cette méthode**. Certaines personnes ont perdu 10-20 ou même 40kg, d'autres 2-3 kilos, mais chacune d'entre elles me disent à quel point, elles ont **un meilleur rapport avec la nourriture, un stress qui s'est évaporé quant au rapport à 'manger'**. Mieux encore, de nombreux retours me validaient que même si la perte de poids n'a pas encore atteint l'objectif initial, il y a *une nouvelle perception de soi et que le chiffre n'est plus l'important,* mais la sensation en soi devient alors le levier pour avancer à son rythme.

Je ne vends pas du rêve, comme nous avons souvent l'habitude de le faire avec les recettes miracles, les produits magiques ou les méthodes infaillibles. Le Système BAGH a de bons retours, pas sur tous, et **demande de la patience.**

Ce prérequis de patience est indispensable, il faut être prêt à se faire des **objectifs sur 24 mois**. Vous avez bien lu sur **deux ans**. Cela peut sembler long mais en recadrant sur le nombre de mois de diètes que vous avez vécu depuis des années ce n'est pas tant que ça.

La méthode se veut la plus juste pour vous d'un point de vu **conscient, subconscient et inconscient**, en somme en trouvant un équilibre mental, psychique et physique.

Dans cet essai, je vais proposer **aux praticiens la méthode** afin qu'ils puissent la transformer en fonction de leurs partenaires et aux personnes qui souhaitent perdre du poids, **un cheminement logique** à mettre en pratique avec les audios disponibles gratuitement.

Je souhaite que vous preniez vraiment conscience que l'un des chemins possibles pour **un mieux-être pondéral** c'est **plus de bienveillance et d'écoute de soi**. Plus de clefs qui ouvrent des portes, que de limites qui poussent aux excès.

1/ Qu'est-ce que l'Anneau Gastrique Virtuel ?

Cette technique consiste **à proposer au subconscient une véritable opération 'mentale'**, qui projette dans la situation réelle de la chirurgie pour poser un bypass. Nous savons que même si les chirurgiens sont excellents, il peut y avoir des risques post opératoires. La plupart du temps, c'est le refus du corps ou une infection qui peuvent survenir. Ce sont des cas rares, mais cela fait peur à suffisamment de personnes pour ne pas tenter l'aventure en 'réelle'.

L'hypnose est une discipline qui offre *la possibilité de mieux communiquer avec le subconscient* et donc de lui proposer des suggestions qui pourront être vécues comme une réalité.

Nous savons que lorsque nous pensons à un citron que nous mordons à pleine dents, nous allons sécréter de la salive, comme si nous avions réellement un citron dans la bouche. C'est grâce à **ce phénomène naturel,** que **tout le monde vit dans sa vie quotidienne,** que nous allons pouvoir poser un anneau gastrique hypnotique.

L'hypnotiste va *proposer en suggestions à son partenaire en transe hypnotique, les détails de l'opération pour que le subconscient de ce dernier puisse, d'un point de vu physique, considérer cette démarche comme valide.*

En somme la psyché va être persuadée qu'elle a un anneau et surtout **qu'elle doit fonctionner comme si c'était physiquement le cas**.

Ce qui est particulièrement **sécurisant,** c'est que tout peut être modifié avec une simple séance, par exemple resserrer l'anneau ou au contraire le relâcher, voire le retirer. **Il n'y a aucun retour physique 'négatif'** parce que, factuellement il n'y a pas eu d'opération et si des éléments sont gênants, il suffit d'en parler à son praticien pour qu'il **puisse corriger ce qui dérange**.

A la question classique que beaucoup de néophytes se posent : Est-ce que je suis hypnotisable ? Il n'y a pas de problème, tout le monde l'est et votre opérateur **trouvera la façon qui vous correspond pour vous faire vivre la séance** le plus parfaitement possible. Ce que vous vivrez sera différent de ce que vit une autre personne.

2/ Comment poser l'anneau gastrique hypnotique ?

Cette partie est plus spécifique pour les praticiens, mais elle peut être intéressante pour les personnes qui souhaitent bien comprendre ce qu'elles vont vivre pendant leurs sessions.

A l'inverse des audios, nous avons la chance, en cabinet, de **pouvoir adapter notre discours** à notre partenaire et à son histoire de vie. Sentez-vous libre d'y rajouter ce que vous souhaitez tant que cela va dans le sens du partenaire.

Nous reviendrons dans une autre partie sur la **questiosophie possible à prendre en compte** avant de faire une session de pose de l'anneau.

En effet, ce n'est paradoxalement pas la priorité dans le système BAGH de poser l'anneau, il est préférable de prendre une ou plusieurs sessions pour bien cadrer, développer les objectifs et travailler sur l'écoute de soi.

L'objectif de la pose de l'anneau est **de conforter le subconscient** dans une démarche et de stimuler factuellement l'amincissement ainsi que les **comportements vis-à-vis des aliments**.

En somme, il est un **levier** plus que le cœur du système. Avec un anneau, le partenaire aura moins faim, sera moins dans ses compulsions et réussira à moins manger parce qu'il aura une sensation de satiété plus rapide.

Il faut garder à l'esprit que vous allez devoir **faire vivre une situation plus encore qu'une opération**. Il s'agit d'un processus d'ensemble et pas simplement de faire quelques suggestions seulement basées sur la mécanique. Cela ne signifie pas que vous ne pouvez pas le faire dans une démarche très Hypno-PnL, afin d'apaiser des partenaires *qui ne sont pas prêts à s'investir complètement* dans cette démarche.

Une fois que vous avez induit la transe à votre partenaire que ce soit avec :

- Une induction rapide
- Une induction de relaxation
- Une induction Hyperempiria
- Une induction Questiosophique

Vous allez orienter la première partie de votre travail vers **l'ambiance et l'état d'esprit à avoir**. Vous permettrez à votre partenaire, au travers de vos suggestions, qui deviendront des approfondissements, d'avoir le bon « Mindset » pour optimiser la motivation et la croyance de succès de cette opération.

Une fois dans **une transe équilibrée** vous allez faire imaginer à votre partenaire qu'il sort de sa maison pour aller à la clinique hypnotique. J'insiste sur l'idée d'être le plus ouvert et dans une vraie envie de réussir, de jouir de cette journée exceptionnelle qui **va changer sa vie**. Vous pouvez faire graduer la motivation sur une échelle.

Le chemin vers la clinique va être **une pré-suggestion**. Nous entrons dans la phase d'attente, c'est-à-dire que vous allez rappeler, au fur et à mesure que vous faites aller votre partenaire à la clinique, les différentes étapes :

- Arrivée et accueil de la patiente ou du patient
- Nuit avant l'opération dans la clinique de Luxe
- Direction vers le bloc
- L'opération
- Le post opératoire
- La sortie

Nous sommes donc dans une étape de suggestions qui permet déjà au subconscient de se diriger vers la démarche et de faire valider avec un **Yes-Set**.

Une fois que vous sentez que votre partenaire est dans une transe positive, vous pouvez le faire arriver à la clinique. Il est utile de bien **décrire les services premiums** de ce lieu. Gardez à l'esprit que certaines personnes sont *phobiques des lieux médicalisés ou simplement anxieux*.

A la porte d'entrée, suggérez qu'une fois à l'intérieur, il y aura **une sensation de bien-être**, de libération d'un poids qui est là depuis des années. Faites pénétrer votre partenaire dans l'établissement et mettez en avant le côté **bienveillant de l'équipe**.

La bienveillance est le maître mot de cette session, d'une part pour éviter la pression que se mettent les patients qui attendent parfois de façon excessive des résultats rapides, puis vis-à-vis du processus. Il va y avoir des moments où il y aura **des 'down'** dans le quotidien du partenaire. Il faudra donc qu'il puisse aussi assimiler la bienveillance avant tout pour lui-même.

A l'accueil de la clinique, faites que votre partenaire se présente, *puis faites-lui dire à voix haute la raison pour laquelle il vient dans cet emplacement.* Cela est une dynamique d'auto suggestion directe, vous pouvez lui faire répéter trois fois pour créer un pattern. Puis faites le accompagner à sa chambre. Mettez en avant, **les sourires, le cadre agréable**, les autres patients qu'il entend avec des remarques positives, avec un bien-être et une joie. Appuyez sur cette sérénité dans cette démarche et sur le côté maternant du staff.

La chambre est agréable et le *médecin va passer pour rappeler ce qui va se dérouler dès le lendemain matin.* Vous recommencez les pré-suggestions, cette fois plus précisément sur l'opération et le ressenti.

Le médecin va donc rappeler que l'opération va se passer le matin et qu'il va faire *une minuscule incision* pour aller poser un anneau en silicone à l'entrée de l'estomac, qu'il pourra serrer en fonction des besoins et que la patiente pourra par la suite apprendre à maîtriser. Bien sûr tout cela va **se faire en douceur avec une anesthésie hypnotique garantie à 100%**. Le médecin va également donner les conséquences positives de cette opération : Apaisement de la faim, satiété plus rapide, perte de poids et bien être au quotidien.

Vous êtes donc sur **de la suggestion et déjà sur de la futurisation**. Nous avons encore un levier d'attente et un seeding. Entrainez donc votre partenaire dans le sommeil positif d'une nuit. Cela offrira **un approfondissement** et une validation de la transe que vous avez ouverte.

Au réveil, jouez sur un **état profond de relaxation** et de bien être avec la sensation que tout va fonctionner et que tout se passe parfaitement bien. *Faites-lui répéter à voix haute* que tout va bien se passer que d'ici peu de temps, il pourra *contrôler son alimentation avec bienveillance, perdre du poids avec équilibre.*

Puis les infirmiers souriants et positifs viennent pour l'accompagner au bloc. Vous pouvez y ajouter une musique que le partenaire aime particulièrement pour aller vers la salle d'opération.

Dans la salle d'opération, vous allez laisser votre partenaire allongé sur la table et chaque spécialiste va se présenter en souriant, *avec un mot agréable et une suggestion de succès.* Vous en profitez pour seeder encore une fois le bon déroulement de la session, son succès automatique parce que c'est ce que souhaite profondément votre patient. **Il est important de l'impliquer complètement et donc qu'il soit persuadé de ses potentiels de succès.**

L'opération va commencer avec une mise en transe, ce qui vous permet de ré-induire dans un process d'approfondissement et vous précisez bien, avec vos suggestions, qu'à partir de **maintenant il y a une anesthésie complète et profonde.** Vous pouvez ajouter **une analgésie des douleurs** du passé liées à la nourriture (boulimie, anorexie, compulsion alimentaire…).

L'opération débute et vous allez décrire ce qui se passe avec plus ou moins de détails, l'idée est surtout de donner **des suggestions à chaque description** que vous mettez en place.

L'incision peut être une suggestion et cela permet d'ouvrir une nouvelle façon de vivre, de voir la vie. Comme cela, **vous ouvrez non pas un corps mais une porte vers de nouveaux possibles.**

Vous allez ensuite passer **un petit moment à poser l'anneau**, en appuyant sur des suggestions qui pour ce dernier vont être des éléments qui vont s'intégrer facilement au quotidien. Voici quelques éléments que vous pourrez utiliser comme suggestions. La pose de l'anneau va permettre :

- D'apaiser la faim dans toutes les circonstances
- De retirer les fringales
- De développer une maitrise de soi devant les aliments salés ou sucrés
- De s'affiner et mincir vers l'objectif donné
- De développer de la bienveillance dans toutes les situations, vis-à-vis de son corps, de certains comportements
- De laisser une notion progressive
- D'entendre les alarmes du corps quand on est à satiété
- De ressentir la satiété de plus en plus clairement
- De ne pas compenser ni physiquement ni émotionnellement de façon excessive

Vous pouvez donner la suggestion *que l'anneau est en silicone* et qu'après un décompte vous allez le gonfler et que l'ensemble *des bénéfices vont se mettre en place à ce moment-là et continuer dans les jours* qui suivent. **Impliquez** une fois de plus votre partenaire pour qu'il puisse décider que c'est le moment d'assumer son choix.

Seedez régulièrement **les conséquences attendues** et faites parler l'équipe de médecins comme s'ils se félicitaient du travail mis en place et **la réussite d'intégration au corps/esprit.** Cette phase confirme les suggestions que vous avez proposées.

Faites refermer l'incision comme si c'était une métaphore imbriquée et continuez en expliquant que grâce à cette méthode**, il n'y aura aucun effet secondaire, ni même de cicatrice.** Que cet anneau est spécial et qu'avec un peu d'apprentissage, **le partenaire pourra l'utiliser pour le resserrer ou desserrer à volonté.** Cela lui permettra de s'autoriser avec bienveillance les excès, pendant les fêtes ou les vacances etc. Vous offrez dès lors une capacité flexible à votre partenaire. Une fois l'opération terminée **vous suggérez un état de bien-être et de détente.** Puis vous le ramener à sa chambre pour intégrer les différents éléments.

La chambre sera un moment pendant lequel vous répèterez **les suggestions et les conséquences de ce que vous avez fait puis de ce qui est attendu.** C'est une phase également de futurisation avec une possibilité de vérifier que les éléments soient validés.

- *Faites projeter le partenaire à un repas qu'il va avoir alors qu'il a faim.* Le voir prendre son temps pour mâcher et avoir la sensation de satiété qui arrive rapidement

- Offrez la possibilité **d'avoir une satiété juste**, c'est-à-dire bienveillante pour éviter les excès comme l'anorexie
- Proposez une méthode classique **de mastication en 21 temps** pour prendre son temps et éviter le gavage. Une fois de plus, associez cela à **de la bienveillance**, pour éviter la culpabilité de ne pas le faire systématiquement.
- Permettez à votre partenaire de voir que le repas devant lequel il se tient est *encore à moitié complet et que l'envie de manger ainsi que la faim ont disparu.*

Faites réveiller le partenaire dans sa chambre et vous allez **faire un travail de confirmation** (seeding) avec un repas qui va lui être apporté. Suggérez l'apaisement vis-à-vis de la nourriture, la satiété et surtout le fait qu'il laisse une partie de la nourriture. Faites noter à quel point votre partenaire est fier et déjà **dans une attitude de succès** vis-à-vis de la pose de son anneau. Vous pouvez lui faire *confirmer cette sensation à voix haute.*

Faites passer le médecin un peu plus tard pour **confirmer tout ce qui a été mis en place.** Vous jouez sur **la valeur d'autorité** (la vôtre et celle projetée par cette session). Félicitez le plus possible, en appuyant sur les éléments clefs attendus par le patient.

La conclusion du médecin est de dire que tout s'est parfaitement passé et que le partenaire peut sortir dès qu'il le souhaite. Vous appuyez sur **la sécurité** du processus et **le succès** de cette démarche qui va ne faire que se confirmer repas après repas, jours après jours.

Vous le faites sortir du bâtiment en fermant comme une métaphore imbriquée. Cela permet de faire **un dernier point sur les différentes suggestions** que vous avez proposées.

Vous pouvez bien sûr ajouter des éléments en fonction de l'histoire du partenaire. Je vous invite à **ne pas dépasser une heure de session** pour la pose de l'anneau. C'est amplement suffisant et, comme je le souligne souvent, ce n'est pas le temps que nous avons passé dans une démarche ritualisée qui **va déterminer le succès d'une session.** Il arrive souvent que des transes ritualisées de 5 minutes apportent autant de bénéfices que celles de 45 minutes. Faire durer est souvent un besoin de se rassurer de la part du praticien.

Cette session est donc assez simple à mettre en place, mais ne détermine qu'une partie du système BAGH. Gardez à l'esprit de mettre particulièrement en avant la bienveillance pour soi.

3/ La bienveillance dans le système Bienveillance et Anneau Gastrique Hypnotique

Pourquoi je souligne l'importance de la bienveillance dans une méthode tellement mécanique qu'est l'anneau ? Nous sommes habitués, dans le monde du surpoids, à entendre parler de méthodes multiples *qui DOIVENT nous faire perdre du poids quoi qu'il arrive.*

Cette promesse met automatiquement le consommateur dans **une notion de culpabilité**. Celle de ne pas réussir, celle de ne pas être comme le gars de la publicité ou ces témoignages de ceux qui ont eu des résultats.

Dans le cadre de l'utilisation du système BAGH, nous sommes dans *une démarche qui n'est pas un challenge.* Nous sommes dans **une prise de conscience** de nos façons de faire et de nos comportements alimentaires. Comme je vous le disais précédemment, j'invite les personnes qui écoutent les audios ou qui viennent en cabinet de prendre **2 ans, voire 3 ans pour se retrouver**.

Cette façon de voir est assez unique et *n'est pas la plus marketing du monde.* Seulement, elle est réaliste vis-à-vis de ce que vivent les personnes en surpoids depuis des années, voire des décennies. Nous savons que **nous ne pouvons pas perdre de poids du jour au lendemain**.

Le temps est un élément que nous mettons en valeur en cabinet, pour bien recadrer la notion de changement du corps. A moins de maladies assez spécifiques, *les partenaires ont pris du poids avec les semaines, les mois et les années.* C'est un processus **assez long**, même si certains pics de prise de poids peuvent se faire en quelques semaines.

Néanmoins avec le Système BAGH, **nous ne cherchons pas à couper le poids** comme on le fait avec les méthodes comme MAIO ou autres astreintes glucidiques extrêmes. Ces méthodes que j'ai moi-même utilisées des tas de fois avec des jeûnes d'avant compétition, ou pendant 10-15 jours, je pouvais 'perdre' plus de 10 kilos.

Seulement, nous le savons tous, dans les sports à catégories, *les rebonds glucidiques et autres vont nous faire regretter nos techniques de 'sèches',* sur les années. Pourtant, tous les ans les magazines recommencent avec leurs techniques pré-été pour faire perdre 5 kilos ou plus en 3 semaines.

Soyons sincères avec notre technique, nous allons devoir apprendre **la patience et la bienveillance** sur la façon dont *notre organisme et notre psyché vont fonctionner* vis-à-vis d'une part, de la pose de l'anneau et d'autre part, des suggestions que nous allons proposer dans les diverses sessions.

Certaines personnes perdent très rapidement au départ, parce que l'excès de poids est important, puis après il faut quelques mois pour que d'autres kilos s'effacent. D'autres personnes ne perdent pas au départ mais une fois que le processus commence tout se fait avec fluidité. Si rien ne se passe, c'est **un message du subconscient qui explique que la cause première du gain ou maintien du poids n'a pas été traitée** et qu'il faut aller creuser l'histoire de vie pour découvrir le pattern dissonant.

Alors **plus que de la volonté, j'insiste sur la bienveillance,** nous ne sommes pas simplement dans un système ou seule la perte de poids compte, mais nous sommes dans une dynamique où *nous souhaitons que le partenaire se retrouve vis-à-vis de son corps et de ses comportements alimentaires.* Nous ne souhaitons pas qu'il perde 15 kilos en 6 mois pour les reprendre dans les 3 ans à venir, puis tout recommencer. Il faudra accepter que *parfois, on ne perd pas, parfois on reprend, parfois dans certaines situations c'est difficile.* Et c'est à ces moments que la plus grande bienveillance sera de mise.

Il ne faudra pas culpabiliser, pas se critiquer, pas s'en vouloir sans cesse sur **son incapacité éphémère.** Ne pas partir dans des compensations excessives.

Tout cela s'apprend, l'hypnose par ses suggestions vous offre un superbe moyen pour programmer de nouveaux comportements, seulement cela restera vous vis-à-vis de vous-même au quotidien qui **devrez faire le travail de fond**.

Parmi les plus beaux retours que j'ai eus, il y a celui d'une partenaire qui utilisait les audios, qui m'a écrit qu'elle pensait perdre 15 kilos, mais qu'elle n'en a perdu que cinq. Elle se sentait tellement mieux vis-à-vis d'elle et de son corps, qu'elle n'a plus pris en compte le chiffre. Et avec les mois et les années, elle est arrivée à 10 kg et surtout une nouvelle façon de voir sa vie et la nourriture, avec une extraordinaire bienveillance.

Pour le praticien, cela va être **un seeding dans toutes les sessions, se donner de la bienveillance et du temps**. Vous pourrez **prendre en compte les différents retours que le corps et le subconscient** pourront vous transmettre. Ne soyez jamais dans la notion **d'échec**. Vous avez toujours une information à prendre en compte pour recadrer la démarche de votre partenaire.

C'est également important que vous, en tant que praticien, soyez dans une bienveillance des sessions que vous mettez en place, pour vous-même.

C'est également pour cette raison que je vous disais que la session de pose de l'anneau **est secondaire**, dans un premier temps, vous allez faire une **micro thérapie** pour resituer les choses.

Nous allons voir dans les chapitres qui suivent quelques points que vous pouvez prendre en compte avant, afin de permettre à votre partenaire d'être dans l'état optimum pour avoir des résultats positifs.

Pour le partenaire, gardez en tête que vous faites le premier pas sur **une démarche de 24 mois**. Faites-vous **un carnet de bord**, à la semaine ou à la quinzaine plutôt qu'au quotidien. Si c'est une démarche quotidienne, vous allez **devenir obsessionnel** et ce n'est pas le but de la méthode. En effet, de nombreuses méthodes proposent de noter tous les jours son poids et ce qui est consommé. Seulement cela **peut être anxiogène** pour de nombreuses personnes et une fois de plus culpabilisant quand on regarde les chiffres et les aliments considérés 'mauvais'.

Nous sommes dans de la bienveillance, donc sur le carnet vous mettez **les objectifs du mois** sur la perte de poids, comme nous sommes sur 24 mois (ou plus en fonction de vos choix), vous pouvez mettre un objectif de 1 kilos par mois, soit **possiblement 24 kilos en 2 ans**. Je vous invite à **ne pas aller trop vite** pour ne pas vous démotiver et laissez vos objectifs du départ même si vous allez plus vite.

Dans le monde du business on nomme ça **des 'over-views'**, c'est-à-dire des dépassements d'objectifs, ce qui est stimulant. Vous pourrez aussi *y ajouter des photos de vous, mois après mois, des articles que vous aimez, des photos de vêtements que vous souhaitez porter sous quelques mois.*

C'est un carnet de route qui vous apportera du positif et c'est ce qui doit être mis à l'intérieur.

4/ Travail des thèmes majeurs du Système BAGH

Dans ce chapitre nous allons voir **des éléments clefs** du système. Je laisse au praticien, en fonction de sa stratégie d'accompagnement, le choix de mettre en place l'anneau quand il le souhaite. Je l'ai indiqué en début de cet essai pour que les plus intéressés *par l'aspect technique puissent aller rapidement aux basiques.*

Comme je l'ai souligné dans le précédent chapitre, la **bienveillance** est de mise pour un succès à long terme. Je ne parle pas de quelques mois de bien être mais réellement de l'impact sur le quotidien, **pour des années**. Nous savons que nous avons tous des facteurs qui dans notre vie ont pu développer un surpoids par compensation. Dans les mp3, j'ai mis en parallèle un programme que je nomme **Bienveillance.com**.

Pendant 28 jours, le partenaire a 28 sessions de 5 minutes à écouter en plus de la pose de l'anneau. Cela est particulièrement important à mes yeux, sachant que la plupart des utilisateurs de *ce programme ne vont pas se faire aider chez un praticien.*

Dans cette section, je propose aux praticiens de **prendre en compte** certains éléments qui reviennent régulièrement chez les personnes qui travaillent sur leur poids.

Bien sûr, la chance du cabinet est de **pouvoir avoir une visibilité sur l'histoire de vie** du patient.

Cela permet donc d'être beaucoup **plus précis** et de **creuser** les différents thèmes qui peut-être seraient passés en audios. Pensez bien que très souvent même si nous souhaitons avancer dans nos problématiques, nous avons *une capacité importante à maintenir le statuquo,* simplement parce que cela nous apporte **de nombreux bénéfices,** et le plus flagrant, est celui de ne pas avoir une **dépense d'énergie excessive pour changer de modèle.**

Dès lors les fuites peuvent être fréquentes quand nous ne sommes pas cadrés par un professionnel qui nous remet en face de ce que nous souhaitons éviter.

1/ Le premier thème que je mets en avant est **l'enfant intérieur.** C'est un outil classique de l'hypnose qui fait quotidiennement ses preuves chez de nombreux pratiquants. Partir à **la rencontre de cette symbolique** de soi-même est un moment particulièrement intense.

Pour de nombreux partenaires, cela fait des années qu'ils se perçoivent par **une image déformée d'eux-mêmes.** Une image qui, peut-être, les poursuit depuis des décennies et qui, peut-être, les *empli de culpabilité, de colère, de dénigrement et de nombreuses autres émotions négatives.* Beaucoup ont oublié ce qu'ils étaient, lorsqu'ils étaient enfants.

Je pars d'un principe, que mes séances confirment quotidiennement que **nous avons été blessés pendant notre enfance** et qu'il faut, dans un premier temps, prendre un moment pour aller se retrouver, se rencontrer, se donner ce que nous n'avons pas reçu du système éducatif.

Vous aurez régulièrement des remarques disant que, *tout s'est bien passé pendant l'enfance* et que les 'caretakers' ont été merveilleux. **C'est une résistance consciente** pour ne pas aller travailler sur cette facette du passé.

Les praticiens peuvent vraiment prendre du temps sur le sujet, dans le cadre du système BAGH, nous allons plutôt miser sur **une rencontre de l'image** que se font les partenaires de l'enfant qu'ils ont été. Ce n'est pas la vérité, **mais une perception** et cette dernière va être utile dans *le processus d'apaisement vis-à-vis de soi-même*.

Pour ce faire c'est très simple, en fonction de votre style, vous pouvez **faire un décompte** en signifiant qu'à la fin de ce dernier, le patient va entrer en contact avec lui enfant, *dans toute sa beauté, sa force mais aussi sa vulnérabilité et ses attentes.*

Cela ouvre dès lors une porte vers une vision globale de l'être. Insistez sur les aspects positifs de cet enfant, il arrive parfois que les patients soient particulièrement durs avec eux-mêmes.

En réalité, cette dureté apparente et cette insatisfaction ne sont pas liées **à l'enfant intérieur mais au parent intérieur** qui ne fait que répéter ce qui a été perçu par les différentes figures d'autorité de l'enfance, comme parents, professeurs ou coaches.

C'est généralement **un moment qui est intense pour les partenaires** qui ne s'attendent pas à cela et peuvent être étonnés de la forme qu'ils prennent en tant qu'enfant. *Il se peut que l'enfant soit en colère, soit triste, se sente trahi.*

Il est assez rare que l'enfant exalte de joie, pendant des années *personne n'a pris en compte ses souffrances et le principal responsable à ce moment-là est le* **partenaire.** Vous n'allez pas culpabiliser mais au contraire permettre **une réparation.** C'est un moment où l'adulte que l'on est devenu, se donne le droit de se demander pardon et de commencer **une nouvelle attention pour lui.**

C'est la clef que nous cherchons. Le Système BAGH est basé sur cette idée, **je vais faire attention à moi et me donner de la bienveillance.** Je ne le fais pas pour le monde extérieur, mais parce que **mon monde intérieur est en conflit et en souffrance depuis trop longtemps.**

C'est comme si, à ce moment-là, votre partenaire **signe son contrat avec lui-même,** pour se donner tout ce qu'on ne lui a pas donné par le passé. Et cela pas simplement par un excès de poids, de nourriture ou autres excès.

Dans les taches à faire entre les sessions et surtout pour l'apprentissage de **sa discipline personnelle**, aller voir quotidiennement l'enfant est une bonne façon de donner au patient, **la responsabilité de sa démarche**. Cela recadre la croyance commune : c'est mon subconscient qui fait tout et si ça ne va pas comme je veux, *ce n'est pas de ma faute*. Nous mettons les aspects conscients et subconscients dans la même dynamique de réussite.

2/ Le second point important à prendre en compte autant avec l'enfant intérieur qu'avec l'adulte qui vient vous voir, c'est **le pardon**. Depuis quelques années, nous avons la chance d'avoir vu se populariser le Hooponopono, un système hawaïen qui aide à travailler sur le pardon.

Nous avons donc assez facilement conscience qu'il est utile de pouvoir se pardonner. Seulement factuellement *ce n'est pas une chose particulièrement simple à mettre en place*.

Pour cela, j'utilise **ma méthode TPA**. C'est **un principe d'intégration** qui donne la possibilité au partenaire d'avancer pas à pas, sans se sentir dans un modèle d'échec qui peut être un de **ses patterns secondaires**, et qu'il faut donc éviter de réactiver dans sa démarche thérapeutique.

Il est utile **de définir ce que le partenaire doit se pardonner**, que ce soit *l'enfant vis-à-vis de l'adulte, mais également cet adulte en souffrance vis-à-vis de lui-même, voire même de l'enfant.*

Il peut y avoir un besoin de pardonner : la non écoute de soi, la peur, l'incapacité à gérer des choses, des promesses non tenues, des mots jamais prononcés etc. Autant pour le praticien que pour le partenaire qui fait cette démarche seul, il est utile de se poser quelques minutes pour répondre avec sincérité à ces questions :

- Qu'est-ce que je dois me pardonner ?
- Qu'est-ce que je dois leur pardonner ?

Nous allons creuser autant en nous qu'à l'extérieur, parfois nous sommes dans un modèle destructif de soi pour aller blesser les autres, comme une espèce de punition indirecte mais répondant aux croyances des parents, de la famille, du conjoint ou d'un système social. Pour être plus concret, ne pas être mince et ne pas avoir un boulot conventionnel, pour montrer aux parents qu'on ne rentre pas dans le moule attendu et faire payer les contraintes vécues.

Nous sommes dans une démarche qui va **nous imposer une véritable sincérité vis-à-vis de soi-même.** Il est même utile et encore plus en cabinet, de se rendre compte des choses que **nous ne sommes pas capables de pardonner**… pour l'instant.

Une fois que nous avons mis à plat certains éléments à pardonner, nous allons **avec l'aide de l'enfant intérieur** commencer à travailler sur ce pardon.

Le praticien va donc orienter les suggestions dans cette direction. Vous pouvez utiliser la notion TPA de la façon suivante :

- Si le partenaire n'est pas prêt ou a du mal pour pardonner, il suffit **d'orienter vers une Tolérance** de l'idée de pardonner. C'est peu impliquant et c'est un premier pas vers davantage de sérénité
- Si le partenaire est encore un peu en retenu, faites-lui **Permettre, c'est-à-dire se donner le droit de Pardonner.** Cela pourra être un déclencheur pour réellement pardonner.
- Si le partenaire est prêt, il vous suffit au travers des suggestions de l'entraîner vers **une acceptation du pardon**.

La session se fait en interaction, ce qui permet au partenaire de *faire part de ses retenues, de ses émotions et de son vécu avec l'enfant intérieur.* Il se peut qu'il y ait **de grosses décharges émotionnelles**, parfois même une forme de violence vis-à-vis de soi.

La culpabilité est dans certains cas tellement forte et ancrée depuis des années que le fait de changer le jugement, peut être complexe à vivre.

Vous pouvez revenir dessus sur une autre session, si tout n'a pas été pardonné. Il faut **respecter le temps de chacun.**

Il est possible d'utiliser **une symbolique de tribunal** et d'orienter notre partenaire vers **un nouveau jugement**. Vous mettez le partenaire comme Juge de lui-même, une partie de lui en tant qu'avocat et l'autre partie en train de l'accabler.

Cette façon de faire permet de poser les notions fortes que **notre patient se reproche**, puis de **donner une défense,** et enfin **un jugement qui se veut plus clément**, une fois les contenus déposés.

C'est **un recadrage dynamique** et surtout du dernier jugement et donc de la dernière condamnation qu'il s'est lui-même infligé des années auparavant, il s'ouvre à une 'remise de peine', puis une liberté de se donner plus de valeur et de bienveillance.

Cet exercice peut également **se faire seul**, en mettant à plat sur une feuille tout ce que *l'on condamne de nous-même, les arguments qui vont dans ce sens et la défense mise en place.* Il peut y avoir quelques jours avant de délibérer et de se donner un jugement plus juste et bienveillant.

3/ Le troisième point à prendre en compte est la capacité à **se donner de l'amour**. De nombreux partenaires vont **se faire du mal physiquement**, pour se punir et par manque d'amour pour ce qu'ils sont.

Cette étape doit se faire après le pardon, simplement parce qu'il est difficile de s'aimer si nous sommes encore dans un jugement excessif de soi-même.

De plus dans la démarche de bienveillance vis-à-vis de soi et de la nourriture, se rendre compte que, *de nombreuses compulsions alimentaires sont des coups et des souffrances que l'on s'injecte,* qui peuvent permettre de prendre un temps sur l'envie, qui vient comme une fulgurance, de manger une sucrerie ou de se remplir sans s'arrêter.

A mesure que **l'on se donne de l'amour**, nous souhaitons nous faire de plus en plus de bien, il est rare que nous souhaitions que les personnes que l'on aime souffre*nt*, *nous mettons en place des stratégies pour qu'ils évitent de se blesser ou de se faire mal.* L'amour est un **excellent moteur pour la protection** et dans notre cas, vis-à-vis de soi-même.

L'amour devient une protection vis-à-vis de la violence vis-à-vis de soi que nous avons mis en place pendant de nombreuses années.

Nous pouvons utiliser les deux éléments précédents pour **continuer notre seeding** et mettre en avant notre capacité à accepter cet enfant intérieur, de lui pardonner, ainsi qu'à soi-même. Cela s'orientera naturellement vers plus de bienveillance et d'amour pour soi.

Pour certaines personnes cela n'est pas si simple, dans ce cas-là, *faites définir ce qui, à cet instant de la session, représente pour lui l'amour.*

La possibilité de définir ce concept permettra de bien poser les mots et de les suggérer pour qu'il puisse intégrer la notion.

En somme, *nous fragmentons la perception et au lieu de faire passer un gros morceau, nous lui proposons petit à petit, bouchées par bouchées.* Cela devient **plus digeste et donc plus réaliste.** Soyons conscient que dire et suggérer en état hypnotique : aime-toi, n'est pas suffisant. Que l'écho de ses mots peut avoir des influences diverses en fonction de l'histoire de chacun. C'est pour cette raison que vous prenez un peu de temps pour bien définir ce qui peut convenir le mieux.

Nous pouvons également avoir des patients qui ont associé à ce concept des choses trop difficiles, en ce cas **changez de sémantique.** Vous pouvez dans un premier temps parler de **bienveillance, d'accueil ou de respect de soi.**

Cette partie permet à notre partenaire de travailler sur une de **ses ressources.** Il va pouvoir se créer **un ancrage**, grâce à votre accompagnement, sur **la notion d'amour comme un cadre protecteur.** Se donner de l'amour c'est le protéger de la violence des excès.

C'est également offrir la possibilité de voir l'alimentation de façon différente. **Prendre une voie du milieu**, et pas entrer dans des régimes alimentaires excessifs et de nouveau violents.

C'est accepter de manger moins de sucreries et de remplacer par des fruits, moins de plats en sauce et plus de légumes verts. *Mais cela dans un acte d'amour, c'est-à-dire dans le respect des envies.*

Si votre partenaire mangeait 5 barres de chocolat par jour, lui suggérer que c'est 'mal' et lui imposer d'arrêter, c'est d'une part déresponsabilisant et d'autre part violent.

Il convient de suggérer, **de diminuer progressivement** les aliments les moins bons, pour s'orienter vers ceux qui conviennent le mieux dans la démarche.

Si pendant les mois qui suivent il est à une barre par jour ou tous les deux jours, il aura toujours son plaisir tout en se sentant maître de soi. Il aura un regard bienveillant sur lui-même et sur sa progression.

4/ **Mettre en avant la maîtrise plutôt que le contrôle.** C'est un élément qui pourra faire l'objet de sessions complètes, voire même de thérapie.

Nous sommes dans un monde dans lequel les éléments anxiogènes sont nombreux et peuvent facilement saturer de nombreuses personnalités. *La solution la plus commune est de contrôler.*

Ce contrôle peut être sur soi mais, la plupart du temps, il transpire sur le monde environnant, *dès lors les contrôleurs deviennent les contrôlés d'un système dans lequel ils ne parviennent plus à se relâcher.*

Dans le cadre du Système BAGH, **l'idée est de permettre au partenaire de retrouver une liberté dans son rapport au corps et par extension à la nourriture.** Il ne faut pas que dès lors l'excès de contrôle alimentaire rende les utilisateurs **dépendants d'un modèle** qui pourrait les faire culpabiliser s'il ne le tenait pas.

On le voit avec les régimes hyper protéinés, une fois que c'est terminé, les pratiquants s'en veulent de ne pas manger 'comme avant'. On le voit encore plus dans des méthodes comme le fasting (jeûne intermittent), où les utilisateurs s'en veulent de ne pas avoir jeuné leurs 16 heures ou d'avoir dépassé l'horaire de fin d'alimentation. La discipline ne doit pas devenir une prison, elle ne doit pas enfermer.

Le contrôle revient à ne pas acheter ce paquet de noix de cajou, pour éviter de plonger dedans, voire de ne pas l'ouvrir, pour ne pas commencer. **La maîtrise c'est d'ouvrir le paquet, de prendre une noix et de laisser le paquet devant sans avoir à en reprendre.** La maîtrise est une démarche souple, c'est un cheminement qui apaise.

Le contrôle est beaucoup plus rigide et nous met en tension. Je suis un spécialiste du contrôle et de la rigueur, ce qui a fait **que j'ai eu des énormes prises de poids** suite à des périodes de **contrôle de plusieurs mois, voire d'années.**

Que l'on utilise le contrôle comme un levier vers la maîtrise c'est cohérent, **que l'on devienne esclave du contrôle et par conséquent du non contrôle**, cela est loin d'être bienveillant.

En perdant du poids, vous ne souhaitez surement pas le reprendre, vous ne voulez pas vous contrôler pendant des mois, pour qu'une fois l'objectif atteint, vous ayez encore **à vous contrôler et cela jusqu'à la fin de votre vie.**

Créant des tensions toujours plus importantes physiquement comme psychiquement, avec le risque de partir en surcompensation et de plonger dans **du non contrôle** de plus en plus fréquent, et donc une re-prise de poids.

L'idée du Système BAGH est de vous permettre, par le travail que vous effectuez sur vous, **d'éviter de rester dans le contrôle et d'apprendre à maîtriser.** L'anneau gastrique hypnotique a l'avantage de donner de nouvelles sensations vis-à-vis de la nourriture.

Il y a moins de faim, moins de fringales et des quantités plus justes. Cela permet de se plonger dans la maîtrise de ses horaires d'alimentation, sur les quantités, et petit à petit sur les produits.

Quand on maîtrise, on sait que **l'on peut décider** de passer les fêtes à se faire exploser la panse sans culpabilité.

C'est un choix, c'est une envie et dès lors cela ne provoque pas **le stress de la balance.**

D'ailleurs, dans cette notion de maîtrise, nous cherchons à donner à notre partenaire un retour dans la liberté. Et l'un des éléments qui empêchent le plus de se libérer **des carcans psychiques, c'est la balance.**

Pour beaucoup, le chiffre devient une obsession, chaque jour, *les partenaires se posent sur une balance dans l'attente d'un résultat, ou d'un changement, mais bien sûr dans le moins.* Un conseil que je donne à toutes les personnes qui s'engagent dans le système BAGH, c'est de mettre la balance au placard et de ne la ressortir **qu'une fois par mois.**

Pourquoi une pesée mensuelle ? Simplement parce que *nous avons mis en place des objectifs mensuels.* Alors pourquoi se persécuter avec des chiffres qui peuvent facilement varier d'une journée à une autre.

Nous *souhaitons travailler sur le fond pas sur la forme.* Pour les praticiens seedez cette information et durant une des transes, voire pendant celle de la pose de l'anneau, vous pouvez insister sur cette notion de ne pas se peser.

J'invite le partenaire à **trouver un vêtement témoin**. C'est beaucoup plus parlant que les pesées. Il y a des choses assez curieuses dans les transformations corporelles.

Nous pouvons ne pas changer de chiffre sur la balance, voire même prendre un peu de poids alors que nous avons changé nos modes de vie et d'alimentation.

Simplement, parce que n*ous prenons du muscle, un facteur plus lourd que la graisse.* Cependant, **la silhouette peut changer, on peut s'affiner corporellement, modifier son physique**.

Nous cherchons petit à petit à maitriser l'image que nous avons de nous. Il est courant que des patients soient sans le savoir depuis des années **dismorphobiques.** En somme, ils sont incapables de se voir autrement que par un filtre déformant.

C'est d'ailleurs le point suivant.

5/ Travailler sur **les filtres déformants**. Nous pouvons enseigner à nos partenaires de **maîtriser les submodalités.**

C'est un moment de recadrage et d'enseignement entre le praticien et le partenaire. Si nous nous voyons d'une certaine façon, c'est que nous mettons des filtres qui ne correspondent pas, parfois c'est le monde social et éducatif qui nous a **imposé** de nous percevoir ainsi.

Est-ce que la taille fine est plus 'belle' qu'une taille marquée ? Est-ce que les muscles proéminents sont plus virils que le petit ventre ?

L'obsession et l'activation des ancrages négatifs peuvent orienter nos partenaires à se mépriser et une fois de plus se punir de ne pas être 'comme il faut'. Cela alimente le pattern destructeur et empêche de se voir plus objectivement.

Cette étape est cruciale, elle va entraîner **vers une capacité de se satisfaire de soi**, de ce qui est mis en place, de se voir avec de plus en plus de **bienveillance dans le quotidien**.

Nous allons dans un premier temps **offrir un travail sur le self idéal,** qui est souvent la manifestation d'une image fausse de soi et qui, même si on s'en approche ne sera jamais atteignable.

Vous avez déjà remarqué que même les personnes les plus 'belles' pour vous, vont trouver le moyen **de ne pas être aimantes vis-à-vis d'elles** et vont même se critiquer sur des détails que vous n'avez même pas remarqués.

Il ne faut pas confondre **un niveau d'exigence vis-à-vis de soi et un fantasme**, qui réactive une violence au quotidien. Allez discuter avec des bodybuilders, vous verrez que même eux, qui exacerbent le travail sur leur corps, trouvent sans cesse que ce n'est pas assez, ou pas comme ils souhaiteraient.

Nous allons ouvrir **cette porte vers plus de tolérance, de bienveillance et d'accueil** de ce que le partenaire est et sera. Pour ce faire, n'hésitez pas à interroger sur des points classiques de coaching :

- Quand sauras-tu que tu seras satisfait de ta démarche ?
- Qu'est ce qu'il te fera plaisir de constater pendant ton cheminement ?
- Si tu ne parviens pas à l'image idéale de toi, pourras-tu accepter ce que tu es ?
- Qu'est-ce que tu peux accepter de toi et de ton corps pendant ton implication ?

Faites toujours **un lien avec la démarche.** Souvenez-vous, nous partons **sur 24 mois**, c'est un temps qui va permettre de réellement mettre en place de **nouveaux patterns**, de les tester, de les corriger le cas échéant.

Nous ne sommes pas dans la notions de résultat, qui peut être juste un idéal, **mais un facteur impliquant** dans la démarche, avec une vraie focalisation sur ce qui va être mis en place, accepté ou refusé.

Nous avons pris l'habitude dans des coachings de poids, de demander aux partenaires de prendre **une photo de l'idéal** qu'ils veulent atteindre. J'ai été superbement surpris de voir que beaucoup de personnes, qui veulent faire une démarche positive durable, prennent **des modèles bien en forme, loin des idéaux sociaux.**

Quand vous allez demander à votre partenaire de venir avec une **image-objectif** du corps qu'il attend, n'hésitez pas à *recadrer les photos excessives, trop mince, voire maigre et prenez toujours en compte la notion réaliste des objectifs*. Dans cette démarche aussi, il ne faut pas hésiter à demander des photos de corps qui correspondent à des transitions dans la perte de poids. Cela **donne un élément possible de satisfaction par étapes du cheminement.**

Quotidiennement le partenaire peut prendre un temps de débriefe pour se donner de la bienveillance et de se regarder en enlevant ses filtres. Prenez de plus en plus de **satisfaction** à ce qui est mis en place. Gardez en tête que c'est aussi une étape de maîtrise.

6/ Dans cette démarche d'image de soi et des filtres déformants, il faut *prendre aussi en compte le monde social* et l'impact que celui-ci aura sur le processus mis en place par le partenaire.

De nombreuses personnes en surpoids, ont développé *des stratégies d'effacement ou plus rarement de compensation en se mettant en avant*. Durant le travail du système BAGH, nous devons prendre en compte que ces stratégies risquent **de résister ou d'exploser.**

Il faut comprendre que **les regards des autres sont interprétés** par chacun, mais plus encore pour les personnes en surpoids.

Pour vous donner une image, souvenez-vous quand vous avez une imperfection sur le visage (un bouton, une cicatrice, un bleu), vous avez l'impression que tout le monde ne voit que ça. C'est ce que vivent au quotidien la plupart de vos partenaires en surpoids.

C'est **une déformation de la réalité**, la plupart du temps, les gens n'en ont que faire des autres et de leur physique.

Le problème c'est qu'ils sont tellement persuadés que c'est une réalité *qu'ils sont prêts à mettre en place des patterns pour suggérer cette idée ou cette remarque-critique des autres.*

Vous vous rendez compte pourquoi l'étape précédente est tellement importante dans notre démarche BAGH. Nous allons donc **devoir faire prendre conscience des conséquences de la transformation physique** et lui permettre de **s'éduquer** avec une nouvelle perception de soi.

Un recadrage s'impose, en faisant porter l'attention sur le regard des autres qui peut être **se fixeront davantage**. Je prends l'exemple d'une femme en surpoids qui depuis des années évitent les regards des hommes. En fondant, elle va changer de physique et peut être même *susciter de l'envie et du désir à des hommes qui jusqu'à présent n'y prêtaient pas attention.*

Il est important de bien mettre en situation votre partenaire.

Ne pensez pas que pour les hommes ça sera plus confortable, beaucoup n'ont jamais vécu ce genre de situation ou ne se rendaient pas compte de leur pouvoir de séduction.

Dès lors, les regards et le désir de l'extérieur vont devoir **être gérés, acceptés et parfois même recadrés**. De plus, il ne faut pas qu'il y ait de *compensation excessive*, en objectivant les futurs partenaires.

Prenez également en compte que cela pourra **rendre problématique le système dans lequel évolue notre partenaire**.

Reprenons l'exemple précédent, cette femme est en couple et depuis qu'elle a commencé sa démarche, elle a modifié certains comportements, elle va pouvoir **dire non** sur certaines invitations au restaurant ou autres. Elle perd du poids et son mari commence à être plus **agressif**.

Dans un premier temps, il ne fait pas de remarques parce que **sa femme se sent de mieux en mieux**, mais le jour où elle reprend confiance et bienveillance dans son corps, elle se rachète des vêtements moins amples, plus moulants.

Cela peut créer **une jalousie** de la part du mari, qui n'a pas eu l'habitude d'avoir sa conjointe qui se met ainsi en valeur. Peut-être même qu'inconsciemment, il l'avait choisie ronde, *pour lui-même se mettre en sécurité, vis-à-vis de son propre physique ou celui des autres hommes.*

Il pourra donc changer progressivement d'attitude et *en vouloir* à sa femme de sa propre démarche.

Nous savons que le regard des autres impacte beaucoup, il est plus rare de se rendre compte que, même *celui des personnes les plus proches peut blesser tout autant*. Cela peut même saboter la mise en place de sa démarche.

Nous allons proposer des stratégies de gestion des autres et de leurs regards. Une fois encore les submodalités et même les Swish Patterns peuvent permettre de ne plus 'subir' les regards, et de les rendre plus neutres.

5/ Les questions les plus courantes

Depuis que j'ai proposé l'anneau Gastrique et le système BAGH, j'ai eu la chance d'échanger avec des centaines, peut être un bon millier de personnes, qui ont souhaité tester ce système. Il y a des questions qui sont récurrentes et nous allons les retrouver en cabinet ou dans notre démarche personnelle.

Dans ce chapitre, je vais vous proposer une sorte de **FAQ** pour vous permettre de bien comprendre comment orienter ce cheminement pour que vous soyez le plus efficace et le plus conscient possible dans cette démarche qui va bien au-delà de la perte de poids.

1/ Est-ce que l'anneau gastrique hypnotique va me permettre de perdre rapidement les kilos en trop ?

Nous sommes dans une démarche **qui peut prendre du temps.** C'est un facteur qu'il est important de prendre en compte, le praticien est là pour vous **accompagner sur du long terme**, même si vous n'allez le voir que quelques fois pendant les deux ans.

Comme je vous l'ai précisé **nous partons sur 24 mois,** c'est avant tout une **démarche de réhabilitation** à la fois *physique mais aussi psycho émotionnelle.* Nous avons pris des années ou des décennies pour arriver au poids actuel.

Les attentes excessives que nous devons recadrer en pretalk ou dans la présentation de la méthode ont de l'importance.

Parfois, le surpoids est tellement important que les **premiers temps permettront de se voir fondre rapidement**. Il est utile de *ne pas prendre cette perte rapide comme la référence* de ce qui va se passer sur les mois qui suivent. Il est utile de le préciser et cela doit être appuyé pour qu'il n'y ait pas une déception qui **puisse saboter le travail**. **Le temps** est un élément que nous pouvons appuyer sur le *principe métaphorique de l'arbre*.

Il suffit de *donner l'image de la graine qui va prendre son temps pour pousser et même si, dans un premier temps elle donne rapidement un changement, sur les années, la pousse se fait moins marquée. Pour autant est-ce que l'arbre arrête de pousser, non, simplement le temps permet de se poser, de mieux s'enraciner et donc de confirmer l'état.*

Si en tant que praticien, vous décidez de mettre en place un suivi type système BAGH (ou celui que vous inventerez), je peux vous inviter à mettre en place des sessions de **recadrage, de questiosophie, de travail sur les causes, puis une fois par trimestre en suivi**. Cette rencontre permet de retravailler sur les éléments qui ont émergés : stress, situations, tensions psychiques…

Possiblement, vous pourrez resserrer ou desserrer l'anneau, vous aurez des retours sur lesquels vous pourrez vous adapter. En conclusion, il ne faut pas vendre des retours rapides, même s'ils sont possibles, seulement attention, l'effort devra être continué même s'il y a une stabilisation ou une reprise de poids. Il faut voir sur minimum 2 ans.

2/ Je prends du poids depuis que j'ai commencé le Système BAGH, que dois-je faire ?

C'est une question qui se pose particulièrement avec les mp3. En cabinet, il y aura **plus rarement** ce type de retour. Comme j'en faisais référence dans cet essai, nous allons passer quelques sessions en cabinet à **travailler sur l'histoire des partenaires**. Comprendre la dynamique et la stratégie, qui ont été mises en place avec cette prise de poids, offrira des éléments à travailler. Pensez bien que **nous ne sommes pas dans un monologue**.

L'hypnose n'est pas **une dictature de l'esprit**. La transe ouvre certes un principe d'hyper-suggestibilité, néanmoins *ce n'est pas une notion qui impose de façon unilatérale les choses*.

Le **subconscient donne des informations en retour** et quand le conscient du partenaire ne parvient pas à traduire le message, il passe par l'inconscient c'est-à-dire le corps.

C'est un point à prendre en compte autant pour le praticien que pour le partenaire, il se peut que les suggestions de l'anneau ou d'apaisement vis-à-vis de la nourriture *aient pu éveiller une peur, un souvenir, un rappel d'un événement traumatique, que le partenaire n'a pas réussi à formaliser.* Le corps devient dès lors un message. La prise **de poids serait dès lors non pas un 'problème' mais un message.**

Ce message ne doit pas être traduit comme on peut avoir l'habitude via du décodage biologique. Pourquoi ? Simplement parce que nous continuerons à ne pas respecter la communication du subconscient.

Une fois de plus, nous **imposerions** un message validé par le conscient mais qui mettra une fois de plus **en sourdine le subconscient** qui ne sera pas écouté.

Pour faire plus simple, même si parfois **c'est un peu plus long**, faites de **la questiosophie**. Vous verrez que cela pourra donner des éléments de traduction possible puis de compréhension.

Il se peut que le partenaire en cabinet revienne en ayant **pris du poids**. Il peut y avoir de nombreux éléments à prendre en compte. Dans un premier temps, savoir si c'est **une prise de poids numérique**, c'est-à-dire par la balance ou si c'est vraiment marquant physiquement. Notamment avec des tissus adipeux, une masse graisseuse qui progresse etc...

Comme nous avons pu le voir précédemment, *il est possible que la prise de poids soit musculaire.* Si dans votre démarche vous avez incité le partenaire à se remettre en activité physique, *la masse musculaire va devenir plus importante et donc peser plus lourd.*

Pensez aux vêtements référents. C'est un élément qui évitera ce type de problème. Un autre point important c'est de voir ce qu'il en est de la boisson, notamment l'alcool. Beaucoup de personnes qui ont **des problèmes avec l'alcool,** vont avoir des problèmes pour perdre du poids.

Cette problématique est secondaire, qu'importe si c'est un alcoolisme mondain, un alcoolisme festif, modéré ou autre, avant de travailler sur le poids, il est impératif de traiter cette pathologie. **Il y a des priorités dans les pathos**.

Souvent en travaillant sur les maux liés à l'alcool, la conséquence pourra se faire sentir sur les problèmes de poids. *Pensez bien que de nombreux éléments sont imbriqués et qu'il peut y avoir des effets boule de neige étonnants.*

En prenant conscience que **le poids va être un message**, que l'on soit suivi par un praticien ou que l'on face la démarche seul, il y a des questions à prendre en compte.

- Qu'ai-je ressenti depuis que j'ai commencé ?
- Que s'est-il passé dans ma vie ces dernières semaines, ces derniers mois ?

- Dans mon système (le monde dans lequel j'évolue) y a-t-il eu un changement ? Travail, famille, amis, sport ?
- Est-ce que j'ai ressenti quelque chose de particulier depuis la pose de l'anneau ? Pression/ Angoisse/Images… Cela pourra donner des informations sur ce qui se passe dans le subconscient et des indices sur le message qu'il veut faire passer.

Dans le cas d'un travail en solo, c'est peut-être le moment **d'aller voir un praticien**, pour travailler des causes et les messages. Dans le cas du cabinet, on a un indice sur un élément qui n'a pas été vu ou qui n'est pas remonté, par conséquent qui devra être traité.

3/ J'ai de temps à autre des envies ou des compulsions qui réapparaissent, est-ce normal ?

Le travail sur les compulsions et les addictions, comme le sucre ou des aliments spécifiques **est à faire en parallèle**. Il est bien sûr utile de le savoir dès les premières séances, ce qui donnera une possibilité de **faire du seeding**, session après session et dans le **processus conversationnel**.

Néanmoins, ce n'est pas le cœur des premières sessions plutôt basées sur des recadrages, des objectifs clairs ou la pose de l'anneau.

C'est d'ailleurs intéressant dans de nombreux retours, les compulsions ont souvent diminué, néanmoins elles peuvent être gênantes quand elles réapparaissent. On le sait bien, quand on a moins un malaise, une fois qu'il réapparait, c'est d'autant plus intense.

Dans un premier temps, **j'invite les partenaires à y céder**. Cela peut sembler étrange néanmoins je vous rappelle que nous sommes dans une démarche de bienveillance. Il n'est pas nécessaire d'aller dans des notions de frustration. Bien sûr **entre l'envie sporadique et celle qui est quotidienne**, il y a un delta.

Il reste rare que cela soit oppressant chaque jour. Si votre partenaire revient avec cette problématique spécifique, n'hésitez pas à faire une pleine session spécifique dessus.

Accepter de se laisser aller à écouter l'envie, peut montrer que la dépendance elle-même n'a plus une place si importante. C'est un recadrage naturel et agréable à vivre.

Il y a un travail aussi qui peut être fait, c'est un peu plus pointu : **l'alarme besoin/envie**. En la mettant en place sur certaines périodes, je me suis rendu compte que c'est un levier puissant pour repositionner et pour développer sa **maîtrise**.

Dans un premier temps vous pouvez faire un travail de **prise de conscience** sur ce que représentent une envie et un besoin.

En somme, **se rappeler des signaux de base** de notre corps/ esprit/ émotion pour que cela soit compris et accepté. Souvenez-vous que nous nous sommes petit à petit **éteints à notre communication interne**.

Certainement pas sur tout, mais sur ce sujet de l'alimentation, *le conscient n'est pas parvenu à comprendre l'orientation du subconscient, ce qui signifie que ce dernier s'est orienté vers une communication avec le corps.*

Nous sommes dans une dynamique classique d'émetteur et de récepteur. Vous pouvez, en tant que praticien, utiliser cette image, celle du téléphone, du réseau et remettre en ligne le tout.

En travaillant à redonner une conscience sur l'envie ou le besoin, notre partenaire peut **dépasser les quelques secondes qui font qu'il se perde dans sa compulsion**. Le besoin est un élément qui est lié à **un manque physiologique qui doit faire ressentir la faim**.

Seulement, l'information faim est souvent mise de côté et a été assimilée comme un manquement qui ne se lie plus à un rapport seulement physique.

La plupart des partenaires en surpoids ont associé *la faim à un rapport psycho-émotionnel, le corps étant 'optionnel'*. Seulement en nourrissant le corps d'aliments, il apaise le mental et les émotions. *Il endort la gêne psycho émotionnelle par un lien biologique, **la digestion**.*

Nous utilisons de l'énergie à digérer, ce qui fait que l'esprit se calme et les émotions également. Dans la démarche hypnotique, nous pouvons offrir cette idée à notre partenaire et le faire revenir à un moment où il avait vraiment faim.

Cela sera facile, la plupart des personnes en surpoids qui ont fait des tas de régimes, ont bien sûr passé des journées à jeûner ou à se restreindre au niveau alimentaire, jusqu'à avoir très faim.

La réactivation de cet ancrage est une chose que nous allons utiliser pour l'associer à l'émission d'un besoin. C'est un point essentiel qui permettra de mieux se ré-écouter, de mieux prendre conscience quand nous cédons à une envie, non pas un besoin.

A partir du moment où ce recadrage est fait, même sans suggestion hypnotique, cela ouvre des potentiels nouveaux d'écoute. *La force du praticien sera de bien mettre cet ancrage et l'écoute de ce signal, pour reprendre la capacité à choisir l'attitude à mettre en place quand c'est une envie ou un besoin de manger.*

Dans notre démarche bienveillante, la possibilité d'accepter d'avoir envie et de se laisser aller à cela, lui offrira une victoire dans sa démarche personnelle.

4/ Est-ce que c'est normal que je perde moins que mon ami qui a fait la même méthode ?

Sans nous en rendre compte, **le monde extérieur a pris une place plus importante qu'on ne le pense dans nos vies.** Dans le cas du surpoids, il est courant que nous nous laissions encore plus *influencer par les publicités ou les promesses magiques.*

Le plus difficile est de **retirer l'esprit de compétition** que nous mettons en place dans cette démarche. La plupart du temps, les coaches vous expliquent qu'il faut être motivé et se dépasser sans cesse. La dynamique est intéressante, mais pour le poids, il y a de fortes chances que vos partenaires aient déjà tenté l'expérience du dépassement et que les résultats soient qu'ils se retrouvent en consultation pour l'anneau ou à écouter les mp3.

Cela prouve que **ce n'est pas un chemin universel** et que, plus encore pour de nombreuses personnes, c'est un état d'esprit qui ne correspond pas.

Il suffit en plus que la pose de l'anneau ait été faite au même moment qu'un ami et **l'esprit de compétition/dépassement** pointe de nouveau le bout de son nez. Je le constate aussi sur les forums sur lesquels les différents intervenants **qui partagent leurs réussites et leurs freins**, influencent en positif mais parfois aussi en négatif les autres intervenants.

Prenons un exemple concret : un utilisateur perd plus de 8 kilos en un mois et demi, il partage ses photos et sa réussite, pour motiver les autres.

Seulement pour d'autres, sur le même laps de temps, il n'y a que quelques centaines de grammes qui ont été perdus. Cela éveille une comparaison, qui peut facilement attaquer le moral.

C'est en général parce **que nous ne prenons pas en compte notre unicité**. C'est d'ailleurs un paradoxe fréquent en thérapie, *tout le monde souhaite se sentir différent, voire le revendique, et quand les choses ne se déroulent pas 'comme les autres', on n'accepte plus nos spécificités.*

Il est utile de permettre à nos partenaires de refocaliser sur la bienveillance et sur le fait que parfois le début met plus de temps que la suite. L'auteur de **la Gabriel Method** explique que pour lui c'est le départ qui est le plus difficile et qu'une fois que le corps et l'esprit sont en phase avec la démarche, **les choses se font naturellement**. Pour les praticiens, cette façon de penser est vraiment géniale, pour deux raisons :

- **Le rapport de substitution** vis-à-vis d'un expert de la perte de poids, avec une méthode de visualisation. Cela peut vous donner un levier supplémentaire pour vos partenaires et recadrer leurs croyances.

- **Pour un changement de paradigme**, trop souvent accepté et peut être même auto réalisé. Nous pensons tellement que les premiers kilos sont les plus simples et qu'après ça sera difficile que souvent c'est le cas, mais ce n'est point un absolu.

Nous allons donc devoir prendre un temps pour permettre à notre partenaire de reconsidérer les choses et surtout de **diminuer l'esprit de comparaison**. Reprenez un moment pour offrir une prise de conscience de **sa façon unique de prendre les suggestions** et donner aussi la possibilité de revoir ce qui peut être encore bloquant.

5/ Je n'ai rien à faire à part venir aux sessions / écouter les audios ? Tout va se faire tout seul avec le Système BAGH ?

C'est une réponse à laquelle la plupart d'entre vous, praticiens, peuvent facilement répondre, notamment dans un **bon pretalk**. L'hypnose et le Système BAGH ne sont pas une exception, ne sont pas de **la magie**. La première étape est bien sûr de **suivre les suggestions et de les vivre le plus intensément possible**, de faire part de tout ce qui se passe en vous pendant la session.

Un praticien peut facilement modifier certaines suggestions pour qu'elles soient plus précises et surtout positives pour le partenaire.

Il est important de **jouer son rôle de partenaire** et d'être le plus actif possible pendant les sessions, en faisant part de tout ce qui se passe en soi et aussi des émotions ou sensations qui émergent en soi.

Dans le cadre des audios, le partenaire ne peut pas nécessairement partager ce qu'il vit mais peut **rester le plus actif possible dans sa démarche**, en plongeant avec le plus de conscience possible dans les différents audios. J'ai eu des retours fréquents d'endormissement pendant l'écoute répétitive des audios. **C'est une fuite**.

Nous avons tous dans nos démarches psychologiques **des évitements (ou fuites)** vis-à-vis de nos problématiques. Et paradoxalement, même *si notre mental semble souhaiter réellement avancer ou changer sur une démarche*, il se peut que ça ne soit pas vraiment le cas, il y a plusieurs logiques possibles.

A/ Soit nous nous racontons des histoires dans une **projection d'un self idéalisé** et nous avons à travailler dessus. Il y a donc un rapport faussé entre l'attente et la réalité de ce qui est vécu.

Le travail sur le poids sera non pas dans une *démarche de perte mais plutôt dans un appel subconscient pour aller travailler sur un point 'considéré' plus important*. C'est un **autre signal** dont nous avons parlé précédemment. Cette fois ci, **le corps est le messager pour aller vers un problème plus profond**.

Ce sont des éléments à prendre en compte, simplement parce que la motivation première ne sera pas du tout la problématique à traiter.

Le partenaire doit être **prêt et actif** dans la démarche qui est mise en place, même si **le symptôme ne sera pas traité**.

Cela sera particulièrement **frustrant**. *Partir dans une démarche dans laquelle nous souhaitons obtenir un résultat, dans notre cas une perte de poids et se retrouver à traiter des émotions ou souvenirs du passé, cela peut être déplaisant.*

C'est là, que le rôle du partenaire est important, dans sa capacité **à réorienter** sa démarche. Soyons sincères, la plupart du temps, le partenaire estimera que le **praticien est incompétent** et que le système ne fonctionne pas, il **arrêtera rapidement** (même les audios).

B/ Soit nous nous mettons en mode passif. C'est-à-dire que nous décidons d'un cheminement mais que notre subconscient, en s'orientant vers le succès du mouvement désiré, *se rend compte qu'il va y avoir un effort important dans les modifications et surtout pour retrouver un équilibre psycho-physique.*

Et là, on va mettre en place un blocage, possiblement des endormissements pour **ne pas intégrer des suggestions** du praticien ou des audios.

Je sais que de nombreuses personnes dans le monde de l'hypnose estiment que pendant *le sommeil nous sommes dans une phase de réceptivité,* je ne suis pas de cette école.

Néanmoins, je trouve l'information de mise en sommeil intéressante à exploiter et de **découvrir ce qui est évité.** Dans le travail du symptôme poids, pendant les différents thèmes que le praticien va aborder, il va y avoir des **émergences plus ou moins conscientisées.**

En cabinet, l'échange avec le partenaire nous permet de bien ressortir ces points clefs. Parfois, l'extraction de l'émotion ou de la sensation est difficile à traduire, ce qui peut être long.

Si nous parvenons à mettre en place cet échange, il y aura **possiblement des résistances**, avec des oublis ou un excès émotionnel qui va **mettre à distance l'information.** C'est un point qui ne peut être fait qu'avec un praticien.

C'est souvent pour cette raison que j'invite les partenaires qui travaillent avec les audios, à aller voir un professionnel. **C'est une des limites du système à distance**. Seulement, nous savons que nos évitements sont des **stratégies efficaces.** Il est important que nous prenions conscience que **le subconscient ne nous protège pas tout le temps**.

C'est un argument que de nombreux praticiens partagent.

Il y a quelques années en étudiant Gerald Kein, j'ai appris qu'il aimait dire que dans le subconscient **il y a la fainéantise**.

C'est effectivement ce qui arrive régulièrement**, le subconscient n'aime pas détruire son équilibre**, parce qu'il va y avoir du boulot.

Et *parfois même des petits éléments que nous conscientisons nous imposent de modifier des patterns et cela ne nous convient pas fondamentalement. Même si le nouveau modèle est un potentiel positif.*

Entre vivre une situation que nous connaissons, même si elle est gênante et devoir s'adapter à un mieux 'potentiel', nous choisissons la dépense minimum d'énergie jusqu'à ce que l'on n'ait plus le choix.

Un autre point à prendre en compte et à partager avec les patients, c'est le travail en pleine conscience. C'est très mode en ce moment comme thème. Pour ce faire je vous invite à travailler avec **la méthode d'Hyperempiria**.

Lorsque le partenaire aura faim ou pendant qu'il mangera, il est utile de lui faire développer une transe de pleine conscience.

Voici une méthode simple, celle du travail de **Don Gibbons**. Vous pouvez le faire pendant une session et l'ancrer avec **un mudra classique du type lien Index-Pouce ou Pouce-Majeur**.

L'Hyperempiria est une **transe ascendante**, donc dans un premier temps faites prendre conscience à votre partenaire, alors qu'il a les yeux ouverts, de l'ensemble des éléments qui se trouvent dans la pièce, à mesure que **la vision périphérique** se fait de plus en plus importante, commencez à lui faire prendre conscience de l'ouïe, l'ensemble des sons que ce soit votre voix, la respiration, les sons à l'extérieur de la pièce etc... là encore nous développons **une audition périphérique** que nous allons associer à la vision.

Prenez vraiment le temps de bien faire vivre cette expérience, n'hésitez pas à demander confirmation à votre partenaire de son ressenti. Continuez avec les sensations physiques, que ce soit là où le partenaire est assis, les sensations dans son corps, la chaleur ou la fraicheur, les tensions et les détentes etc...

Vous allez faire une **kinesthésie périphérique**. Pensez que le corps pourra ouvrir les possibilités **pour le goût**. Ce qui pourra décupler l'attention porter aux aliments qui seront choisis et mangés.

Une fois que votre partenaire est en état d'éveil et que bien sûr cette sensation **est plutôt agréable**, prenez un temps pour ancrer cette sensation. Une fois que la pleine conscience devient simple à utiliser, pour ce faire c'est très simple, il suffit de faire 'émerger' et de tester.

Vous allez travailler sur les suggestions de base du type :

- A chaque fois que tu auras faim, **tu te mettras en pleine conscience** et tu vérifieras si tu es en mode envie ou besoin
- A chaque fois que tu décideras de manger, tu prendras le temps **de prendre conscience**, des goûts, des textures, des sensations mais aussi de l'aspect nutritif pour ton corps
- Régulièrement je rajoute le principe de mastication du type : à chaque fois que tu mettras un aliment en bouche, **tu mâcheras 21 fois avant d'avaler**, pour pleinement prendre conscience de ce que tu fais, c'est-à-dire te nourrir avec bienveillance
- A chaque fois que tu mangeras, tu prendras une **attention particulière à ce que tu sens, ressens, vois, perçois avec plaisir**
- Quand tu commenceras un repas, tu feras **ton mudra** pour automatiquement entrer dans cette capacité d'hyperempiria.

Vous pouvez bien sûr rajouter ce que vous souhaitez en fonction de l'histoire de vie de votre partenaire. Cette prise de conscience, va offrir une possibilité de moins vivre des compulsions et surtout de **se recentrer sur ce que le partenaire désire**. Cette démarche de se diriger vers de la pleine conscience est une des tâches quotidiennes que devra mettre en place votre partenaire.

Voilà, une action concrète et le praticien pourra avoir au fur et à mesure des sessions des retours concrets sur les difficultés, parfois même les moments vécus sans conscience. Cela donnera des indications sur des transes dissonantes qui interviennent dans les envies de manger.

6/ Est-ce que je dois faire un régime à côté ? Que dois-je manger ?

Nous ne sommes pas des nutritionnistes, il faut donc rester là où sont nos compétences. Invitez votre partenaire à aller voir un spécialiste sur le sujet. Comme je vous l'ai proposé un peu plus haut dans cet essai, j'invite davantage *à retrouver une alimentation qui lui corresponde, avec une réécoute de ses besoins, un respect aussi des envies et une maîtrise de soi.*

Nous avons vu que **la bienveillance et la pleine conscience** vont accompagner le cheminement du partenaire du Système BAGH. Outre cette idée de fond, il faut également **être cohérent** et éviter de manger sans cesse des aliments trop riches, pleins de graisse et de sucre. Logiquement, plus vous allez être à l'écoute et plus vous allez mettre **en place de nouvelles envies et besoins,** plus juste pour vous, assez naturellement les fruits / légumes feront partie du quotidien.

Dans la démarche de perte de poids, je conseille de se retrouver avec justesse et bienveillance avec son alimentation ainsi que de reprendre une activité physique.

Il y a encore deux jours je lisais un texte d'un body builder qui expliquait que pour avoir ses abdominaux apparents, tout le monde pense que ce n'est que la salle, alors que pour lui **c'est 30% la salle et 70% l'alimentation**.

J'ai trouvé cette remarque pertinente sur l'importance de changer notre façon de nous alimenter de la façon **la plus saine possible** pour nous. *Eviter les contraintes, souvenez-vous que cela peut créer du stress qui entraîne encore plus d'emprise de la faim et de potentielles prises de poids.* Le sport est un élément non négligeable. Quand je parle d'activité physique, je ne parle pas d'aller faire du footing ou aller dans des salles de sport.

Il est important **de reprendre une dynamique d'action**. Un corps qui est en surpoids est beaucoup plus difficile à utiliser et trop souvent dans les résolutions hâtives, des partenaires peuvent se dire qu'ils vont investir dans des appareils, des abonnements, voire des coachings.

C'est bien, seulement **c'est souvent trop violent.** Il faut éviter de se faire une fois de plus embarquer dans **un self idéal** et cela peut se travailler avec son praticien. Je fais du sport presque quotidiennement depuis vingt-cinq ans, depuis ma maladie, j'ai pris plus de vingt kilos et pourtant je m'entraîne beaucoup.

Comme quoi **le sport n'est pas une clef ultime.**

Seulement, *s'entraîner avec des kilos en plus c'est fatiguant, c'est difficile au niveau cardiaque et musculaire. De plus, il y a les tendons qui peuvent vraiment souffrir des exercices, donc attention à la reprise.* Une personne en surpoids, une fois de plus, doit **être bienveillante** avec elle-même et **avancer pas à pas**.

La première chose à mettre en place ou à proposer c'est de reprendre la marche ou des exercices similaires. La nage, le Qiqong ou certains Yoga peuvent faire l'affaire. *Tout dépend où vous en êtes au niveau surcharge pondérale.*

Il est beaucoup plus utile de s'entraîner avec régularité que rarement en grande quantité. Vous pouvez dans un premier temps faire une marche de 10 minutes quotidiennement ou 3 fois par semaine, puis une fois que vous avez pu constater qu'il n'y a pas trop de contractures ou de douleurs au bassin, passer à 15-20 minutes et ainsi de suite.

Cela peut paraître peu, mais c'est plus respectueux que de reprendre le footing en 15-20 minutes qui donnera tellement de courbatures que vous allez le mettre en place une fois par semaine puis abandonner.

Une fois de plus le facteur temps est à prendre en compte. De plus, avec la perte de poids qui se mettra en place, vous déplacez sera plus agréable et vous sentirez un dynamisme nouveau se mettre en place. Donc **sport sans blessure** pour augmenter les quantités au fur et à mesure de la mise en place du Système BAGH.

Pensez une fois de plus à être bienveillant avec vous et une fois de plus éviter la compétition avec les autres.

7/ Est-ce que l'Anneau Gastrique Hypnotique a des effets secondaires ?

L'un des avantages de l'anneau sont que, d'un point de vue physique, **il n'existe aucun traumatisme post-opératoire**. C'est un plus non négligeable. Il n'y a donc pas de peur à avoir quand on pose l'anneau, d'avoir des retours négatifs.

Vous aurez surement des personnes qui vous contacterons parce *qu'elles ressentent des nausées suite à la session.* C'est lié à plusieurs choses, la première, nous l'avons déjà vue, la capacité d'auto sabotage et de résistance.

En ce cas, c'est que *nous n'avons certainement pas travaillé sur une partie de l'histoire du partenaire.* C'est pour cette raison que je préfère poser l'anneau après un travail de fond avec notre patient.

La seconde possibilité, c'est **l'attente excessive** qui a pu être mise en place par le partenaire et **la peur** de la session, ainsi que **les croyances** qui n'ont pas été levées. C'est parfois une erreur de notre part, en tant que praticien, nous n'avons pas pris **le temps** nécessaire pour bien expliquer les choses.

Il se peut également que notre partenaire ait mangé comme à son habitude.

Durant la pose de l'anneau vous avez suggéré que la faim va diminuer, seulement l'alarme n'est pas encore forcément bien écoutée, on va dire que ce sont encore **les beta-tests.**

J'ai pu voir sur moi **des erreurs de forçage.** Le forçage, à mes yeux, c'est lorsqu'on impose quoi qu'il arrive une suggestion sur soi et que le subconscient nous fait un retour, mais que l'on ne le respecte pas.

Quand je précise qu'il est utile de travailler sur différents facteurs avant de poser l'anneau, c'est simplement que j'ai pu le constater sur moi-même. Suite à ma maladie et ma grosse prise de poids, j'ai testé plusieurs fois l'anneau sur moi, de différentes façons.

J'ai testé de la façon inverse à ce que je propose avec le Système BAGH, ce qui fait que *c'était plutôt violent avec mon corps et mon esprit.* En forçant, les suggestions d'anneau, mon subconscient me donnait le message de travailler sur autre chose, d'être plus patient.

Je travaillais tous les jours sur ce sujet et je l'ai installé pendant des semaines, puis petit à petit j'ai eu **des douleurs au ventre et des compulsions de plus en plus fortes.** C'est là, que j'ai décidé d'aller dans une écoute plus juste de moi-même. *Et cela impliquait que je devais cesser de me soucier de mon poids et travailler sur des éléments plus profonds.*

C'est important à prendre en compte autant en tant que praticien qu'en tant que partenaire.

C'est à partir de cela que je me suis rendu compte à quel point **le travail simplement symptomatique, pouvait ne pas avoir de retours positifs,** voire nous couper d'autres choses importantes.

Bien sûr, il faut pendant ce temps-là accepter ce qui nous gêne et rester focaliser sur les choses essentielles. Mon conseil est donc *d'éviter les forçages et d'aller creuser là où il y a des traumatismes ou autres patterns dissonants de vie.*

8/ J'ai eu un Bypass, est ce que je peux utiliser le Système BAGH ?

C'est une question courante, certaines personnes après une opération pour poser un bypass, n'ont pas eu les résultats escomptés et souhaitent tester autre chose. Je les invite dans un premier temps à **demander à leur médecin.**

Même s'il n'y aura pas de 'danger' à proprement parler, il est toujours important qu'il y ait **un suivi médical.** S'il n'y pas de contre-indication, vous pouvez mettre en place l'anneau. Seulement je vous invite à voir *avec le corps pourquoi il y a déjà eu un refus de l'anneau physique.*

Pour cela, vous avez plusieurs possibilités, je vous invite à surtout **utiliser la questiosophie.**

Mettez en transe votre partenaire et posez des questions, vous aurez des informations. Cela peut prendre une **session entière**.

Bien sûr, il y a de fortes chances que le partenaire ne soit pas très ouvert aux questionnements. L'anneau hypnotique n'étant simplement que « l'ultime » solution, donc une logique magique à démonter en pretalk.

L'autre technique est intéressante mais pas nécessairement valable. C'est le principe **des pretest therapy**. Nous allons mettre notre partenaire dans sa transe et avec les pretests commencer à poser les questions.

C'est le même principe que les signaling, c'est pour cela que je ne suis pas confiant à 100%. Cela peut faire partie **d'une phase de la questiosophie** en mode ritualisé. Cela donnera des positionnements et de possibles orientations à prendre en compte.

Vous pourrez vérifier si réellement le partenaire est prêt à mettre tout en place pour sa perte de poids… et là vous risquez d'être surpris mais plus encore le partenaire pourra grincer des dents.

9/ Un partenaire ne me semble pas en surpoids, dois-je faire un Système BAGH ?

Cette question est vraiment pour les praticiens qui peuvent tomber sur des partenaires qui sont dans une perception d'eux-mêmes complètement faussée.

Nous devons nous interroger pour savoir si une perte de poids ne pourrait pas *devenir problématique, voire nourrir un Trouble du Comportement Alimentaire (TCA)*. Si la personne est boulimique/anorexique, nous ne devons pas faire son jeu.

Dans ce cas, je vous invite à travailler en thérapie des parties ou en recadrage pendant la questiosophie. D'ailleurs pour rappel, dans votre découverte du partenaire, pensez toujours à prendre connaissance s'il n'y a pas de TCA. Le travail sur ses troubles est assez complexe et il est utile de savoir s'il y a **eu un passage médicalisé.**

Dans ces cas-là, surtout avec des TCA importants, ne travaillez pas sur l'anneau, mais proposez une thérapie complète **en accord avec son médecin.**

10/ Est-ce que je peux faire poser un anneau gastrique alors que je suis enceinte ?

De nombreuses femmes enceintes cherchent à ne pas prendre trop de poids durant la grossesse. Les premières fois que j'ai reçu ce genre de demande, j'ai été plus que surpris.

Je vous invite à travailler sur **le côté bienveillant vis-à-vis de soi et de son corps.** Le corps qui change pendant la grossesse est un facteur que vous pouvez simplement travailler avec une transe avec les submodalités et les futurisations, pour intégrer l'idée.

J'ai eu le cas d'une jeune femme qui avait commencé l'anneau sans qu'elle ne sache qu'elle était enceinte, elle n'a pas eu de problèmes spécifiques, elle en a parlé à son médecin qui n'y voyait pas d'inconvénient. **N'hésitez pas à en faire part au médecin.**

Si la prise de poids est un vrai problème pendant un moment aussi important que la grossesse, il y a nécessairement d'autres choses à traiter.

11/ Je n'ai pas perdu beaucoup de poids mais je me sens mieux, dois-je continuer ma démarche ?

En général, quand vous recevez votre partenaire, vous recadrez les objectifs pour qu'ils puissent être le plus **Précis – Réalistes – Ecologiques et Mesurables.**

Il y aura donc des rencontres pour savoir si tout avance de la façon la plus positive possible et pour continuer sur le travail personnel. Il peut arriver que votre partenaire se sente dans **un état de mieux être, voire de bien-être.**

Il arrive qu'avec seulement quelques kilos de moins et parfois loin de ses objectifs, il y ait **un soulagement, une envie d'en rester là.**

Surtout ne poussez pas, il est bien plus positif de laisser le bien-être agir. Et ce qui est extraordinaire, c'est que le corps **continuera à se réguler.**

6/ Conclusion

Dans cet essai, j'ai mis en place les concepts clefs du Système BAGH. Comme je l'ai répété tout au long de cet ouvrage, le plus important **c'est la bienveillance**. Ce concept est à assimiler pour déplacer la simple technique.

Le surpoids est un problème qui, en plus de se sentir sur le corps, **pèse sur l'esprit**. Il y a beaucoup de désamour pour les personnes en surcharge.

D'ailleurs ce mot 'surcharge' représente bien ce malaise interne. C'est comme si toutes les pensées, *les schémas cognitifs revenaient sans cesse à nourrir un circuit fermé qui amène à faire péter les plombs*.

Le travail de Bienveillance et Anneau Gastrique Hypnotique peut permettre **une ouverture du circuit**. Comme un interrupteur, qui offrira d'être plus respectueux vis-à-vis de soi et de son corps.

Bien sûr, **ce n'est pas LA méthode miracle**, elle demande un investissement réel. Il y aura une recherche sur soi à mettre en place, il faudra également être prêt à travailler sur soi **pendant 2 ou 3 ans**.

Cependant, les résultats sont réels et surtout à long terme. Une prise de conscience de soi, de ce que l'on est et de ce que l'on désire.

Une plus grande maitrise à la fois sur l'alimentation mais également sur différents aspects de sa vie. Tout est lié dans notre psyché, ce système offre une autre voie possible pour s'unifier et se respecter.

Prenez soin de vous,

Be One

Pank (16 janvier 2017)

7/ Etude Statistique

J'ai eu grâce au site http://anneau-gastrique-virtuel.net/ de nombreux retours sur les motivations des utilisateurs. Aujourd'hui c'est un panel de 844 personnes qui ont pris le temps de répondre à un questionnaire.

Vous allez observer qu'il y a des éléments assez surprenants que vous devez bien prendre en compte dans votre propre démarche ou en tant que praticien.

Premier tableau :

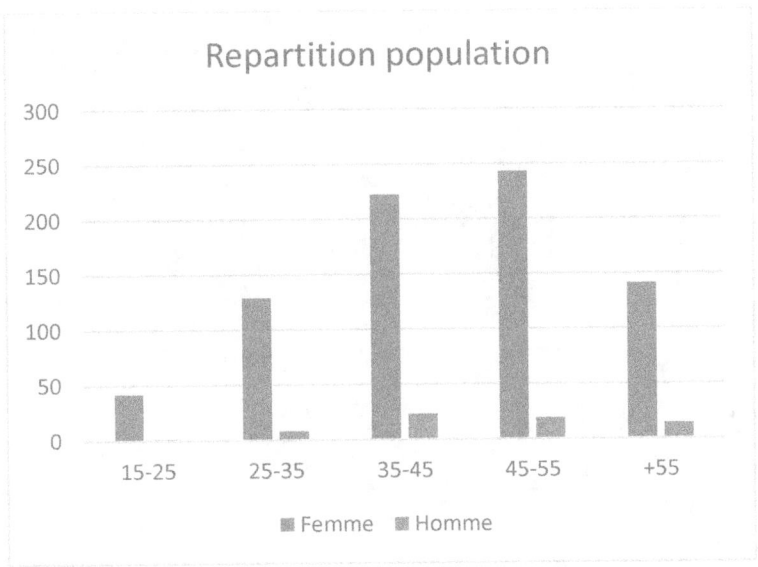

	Femme	Homme
15-25	42	1
25-35	129	8
35-45	222	23
45-55	243	19
+55	141	14

Nous voyons que la population intéressée par l'anneau gastrique virtuel est plutôt une demande féminine entre 35-55 ans.

Second tableau :

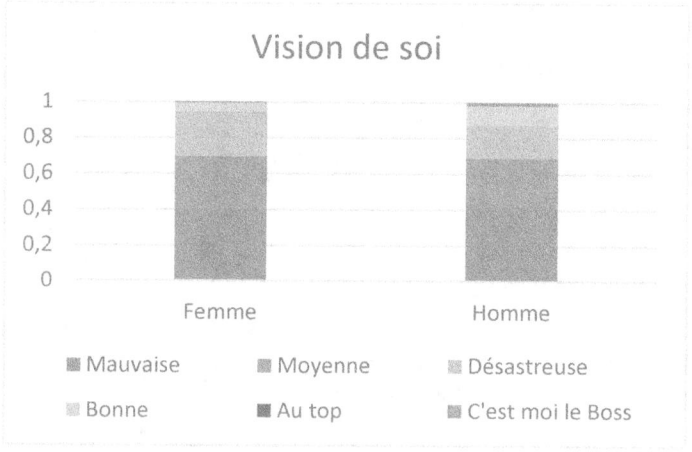

	Femme	Homme
Mauvaise	40%	42%
Moyenne	29%	27%
Désastreuse	25%	19%
Bonne	6%	11%
Au top	0%	0%
C'est moi le Boss	0%	2%

Avec le surpoids nous pouvons voir à quel point l'image de soi est difficile. C'est pour cette raison que la bienveillance et le travail d'estime de soi vont être particulièrement importants à prendre en compte.

Troisième tableau :

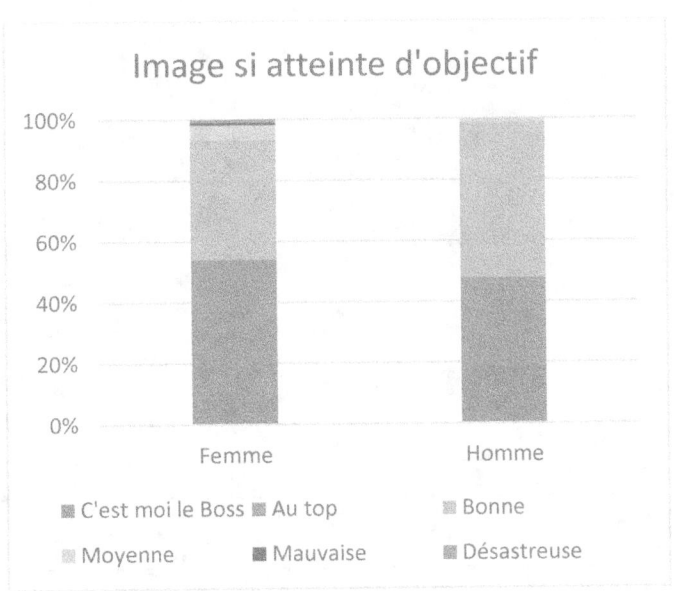

	C'est moi le Boss	Au top	Bonne	Moyenne	Mauvaise	Désastreuse
Femme	8%	45%	39%	5%	1%	1%
Homme	18%	29%	51%	2%	0%	0%

Si le résultat de l'anneau gastrique est positif, nous voyons que bien sûr l'image deviendrait bonne, voire au top.

Quatrième tableau :

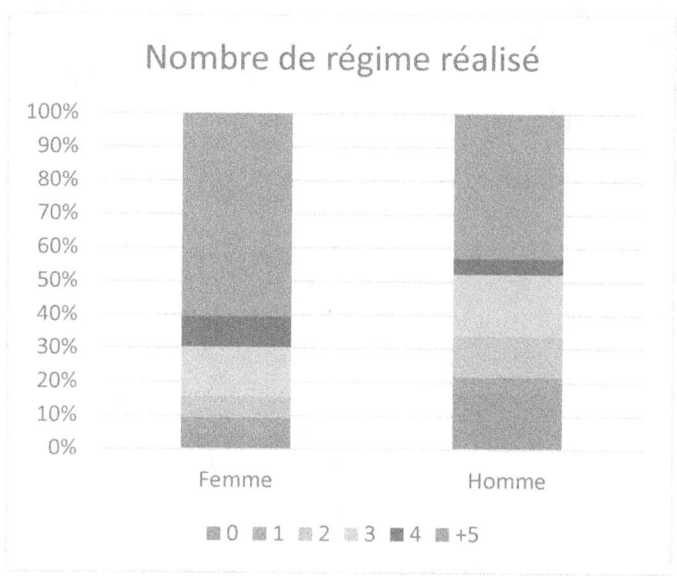

Nombre de régime réalisé

☐ 0 ☐ 1 ☐ 2 ☐ 3 ■ 4 ☐ +5

	0	1	2	3	4	+5
Femme	4%	5%	6%	15%	9%	60%
Homme	17%	5%	12%	18%	5%	43%

Nous le savons bien, les personnes qui s'orientent vers l'hypnose, le font après avoir tout testé. Plus de 60% pour les femmes et 43% pour les hommes. C'est là où le Système BAGH peut jouer sur l'aspect différenciateur et offrir un nouveau paradigme. Le levier étant que si les méthodes de régimes rapides fonctionnaient, le partenaire ne se mettrait pas à l'anneau gastrique virtuel.

Cinquième tableau :

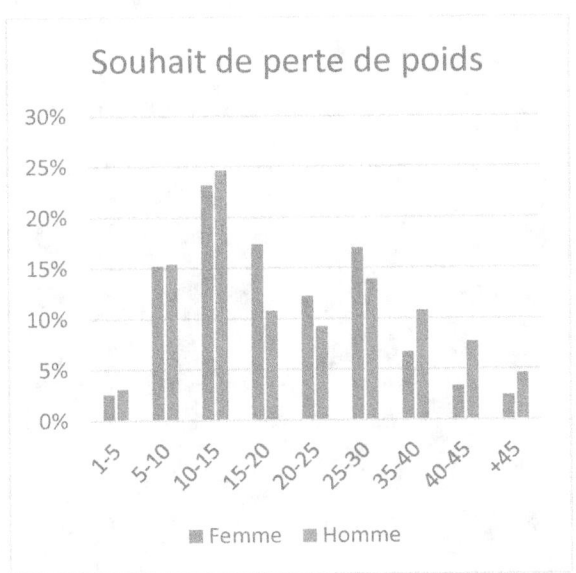

	1-5	5-10	10-15	15-20	20-25	25-30	35-40	40-45	+45
Femme	3%	15%	23%	17%	12%	17%	7%	3%	2%
Homme	3%	15%	25%	11%	9%	14%	11%	8%	5%

Nous pouvons constater qu'il y a une demande forte sur une perte de 10-15 kilos et notez qu'il y a aussi quand même des prises en charges pour plus de 20 kilos (entre 41% et 47%). C'est un élément important à prendre en compte en ce qui concerne le temps de changement.

Sixième tableau :

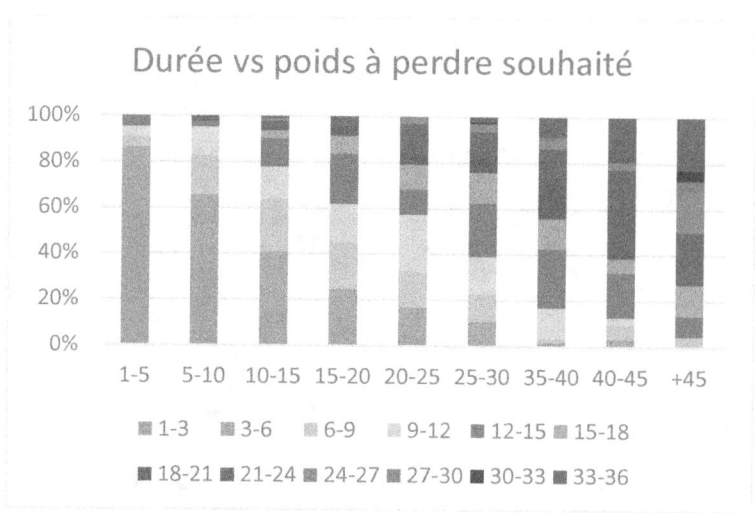

	1-5	5-10	10-15	15-20	20-25	25-30	35-40	40-45	+45
1-3	59%	34%	15%	8%	5%	0%	2%	0%	0%
3-6	27%	32%	26%	16%	12%	11%	0%	3%	0%
6-9	5%	17%	23%	20%	16%	12%	2%	6%	5%
9-12	5%	13%	14%	17%	25%	16%	14%	3%	0%
12-15	5%	2%	12%	22%	11%	23%	25%	19%	9%
15-18	0%	0%	4%	8%	11%	13%	14%	6%	14%
18-21	0%	0%	1%	4%	5%	7%	15%	3%	0%
21-24	0%	1%	3%	4%	13%	11%	15%	35%	23%
24-27	0%	0%	1%	0%	2%	3%	3%	3%	18%
27-30	0%	0%	0%	0%	1%	1%	2%	0%	5%
30-33	0%	0%	0%	0%	0%	1%	0%	0%	5%
33-36	0%	2%	1%	0%	0%	2%	8%	19%	23%
Total général	22	128	196	142	101	141	59	31	22

Voilà un recadrage vraiment important à prendre en compte pour les partenaires qui souhaitent appliquer le Système BAGH.

Le tableau nous montre que pour des pertes de poids allant de 10 à 15 kilos, beaucoup (64%) des partenaires souhaitent que cela se perde entre 1 et 9 mois. De même 39% veulent perdre entre 35 et 40 kilos entre 9 et 15 mois. C'est énorme et malheureusement c'est ce qui est vendu par de nombreux régimes et parfois même avec l'hypnose.

Je ne dis pas que ça ne soit pas possible, seulement nous cherchons à éviter les régimes hyper contraignants et surtout que le poids perdu, ne revienne pas. Pour cela il faut du temps et un changement de fond.

Pour les praticiens, votre travail le plus long se fera surement sur ces attentes.

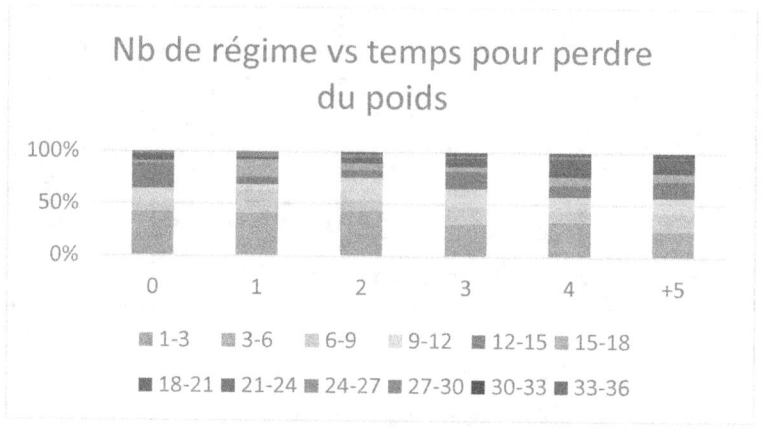

	0	1	2	3	4	+5
1-3	22%	17%	21%	17%	7%	10%
3-6	20%	24%	23%	15%	27%	16%
6-9	9%	22%	11%	17%	11%	17%
9-12	13%	5%	21%	17%	14%	15%
12-15	24%	7%	7%	17%	11%	16%
15-18	2%	17%	7%	5%	8%	7%
18-21	4%	0%	0%	4%	4%	5%
21-24	2%	2%	5%	5%	14%	9%
24-27	2%	2%	4%	2%	3%	1%
27-30	0%	2%	0%	0%	0%	1%
30-33	0%	0%	0%	0%	0%	0%
33-36	0%	0%	2%	3%	3%	3%

On note sur ce dernier tableau qu'importe le poids à perdre les personnes (74%) qui ont fait plus de 5 régimes, qui sont donc des 'spécialistes' du poids, attendent une atteinte d'objectif en moins de 15 mois, nous sommes loin des 24-36 mois proposé par le Système BAGH.

Qui est HnO Hypnose ?

HnO Hypnose est une association de pratiquants et de praticiens en Hypnose à tendance Elmanienne, Hypnosophie et Thérapies Durables.

Notre but est de rechercher, développer, pratiquer et diffuser sur ces sujets.
Pour ce faire, nous utilisons plusieurs leviers : des formations, des cabinets ouverts, de l'Hypnose Urbaine, des livres, des audios, des live Facebook, des Podcasts...

Nous organisons des formations en Hypnose Classique Curative, Hypnosophie et Psycho-Pratique Intégrative ainsi que des ateliers en thérapie durable.
L'Hypnosophie est une discipline de synthèse et intégrative. L'hypnose est un vaste monde avec des écoles, des styles et des tendances.

Plus qu'un style, nous souhaitons intégrer, sur les bases communes de l'hypnose, une ouverture globale.
Nous organisons des cabinets ouverts, dans le but de faire découvrir l'aspect curatif au plus grand nombre.
Toutes les semaines nous organisons des sorties Hypnose Urbaine ou des Hypno-papotages.

Nous y invitons des praticiens mais aussi des amateurs.
Le but étant de faire connaître, dans un autre contexte que le soin, ce qu'est l'Hypnose.

Cette expérience humaine est extraordinaire. Nous pouvons dissiper les à priori et faire vivre des expériences agréables aux passants.

Vous pouvez trouver plus d'informations sur ce que nous mettons en place sur : www.hno-hypnose.com

Nous avons mis en place un site de Mp3 d'Hypnose pour faire vivre des micros séances. Vous trouverez des informations sur : www.hno-mp3-hypnose.com

Si vous souhaitez nous rencontrer, échanger, partager, n'hésitez pas à nous contacter :

Mail : hype.ose@gmail.com

YouTube / Twitter / Facebook : Hype-N-Ose

Formations HnO Hypnose

Vous pouvez retrouver de nombreuses formations GRATUITES Online :

Apprendre l'Hypnose et les Concepts de Base :
https://apprendre-hypnose.org/

Apprendre la Programmation Neuro-Linguistique :
http://apprendre-la-pnl.fr/

Apprendre l'Auto Hypnose :
http://www.apprendre-auto-hypnose.fr/

Se Former en Hypnose Spirituelle :
https://formation-hypnose-spirituelle.co/

Apprendre le Magnétisme :
http://www.apprendre-le-magnetisme.fr/

Vous pouvez également retrouver quotidiennement des vidéos sur l'Hypnose/Hypnosophie, le coaching et les psycho-pratiques sur :
https://laboratoire-hypnose.com/

Et apprendre à gérer vos douleurs :
http://hypnose-douleur.jimdo.com/

Vous retrouverez également de nombreuses formations présentielles :

Formation en PsychoPratique Intégrative (PPI) et Hypnosophie :
https://goo.gl/kjwE64

Formation en Hypnose H-Ultra (Hypnose Profonde) :
https://goo.gl/MMU1WB

Formation en Hypnose Panko-Elmanienne :
https://goo.gl/crSyj7

Formation en Hyperempiria :
https://goo.gl/c3xful

Formation en Hypnose Urbaine :
https://goo.gl/SGyVVJ

Toutes les informations sont disponibles sur www.hno-hypnose.com